30年の実践から生まれた
おいしく健康に飲む
秘密を大公開!

飲んでも食べても太らない

おつまみおかず

おつまみレシピ113

竹内冨貴子

主婦の友社

飲んでも食べても太らない おつまみおかず

おつまみレシピ113

目次

飲みたいお酒に合わせて
おつまみにマークを入れました。

ワインにぴったり
日本酒にぴったり
どちらのお酒にも合います！
★ビールの場合は、お好みで。

この本の使い方
・1カップは200㎖、大さじ1は15㎖、小さじ1は5㎖です。
・材料の分量は、食べられない皮や根、骨や内臓などを除いた正味重量です。ただし、殻つき貝や骨つき肉など、調理中に正味重量がはかれないものは、殻や骨も含めた重量で示しています。これはそのつど明記しています。
・料理のエネルギー量、塩分はすべて1人分です。
・フライパンはフッ素樹脂加工の製品を使っています。
・電子レンジの加熱時間は、600Wを目安にしています。500Wなら加熱時間を1.2倍に、700Wなら0.8倍を目安にしてください。

先生、教えて！

どうして毎日飲んで食べても太らないの？

竹内冨貴子先生は、ほぼ毎日、晩酌をします。夫君と二人でワインか日本酒をたしなみ、ワインならフルボトル1本……では足りないこともあるそうです。

したがって、おつまみはイコール夕食。魚料理を中心に主菜を2品、野菜料理は3～4品を平らげます。

週末ともなれば、仲間や親族が集まってパーティ。ビール、日本酒、そしてワインと、深夜まで飲むのが恒例とか。

それにもかかわらず、竹内先生はご覧のようにスリムなスタイル！

結婚30年を迎える8つ年上の夫君も、身長173㎝で体重60㎏弱と若い頃よりスリムに。もちろん二人とも健康診断はオールクリアです。

連日飲んでいても、スリムで健康なのはなぜ？？？

その秘訣を竹内先生に話してもらいましょう。

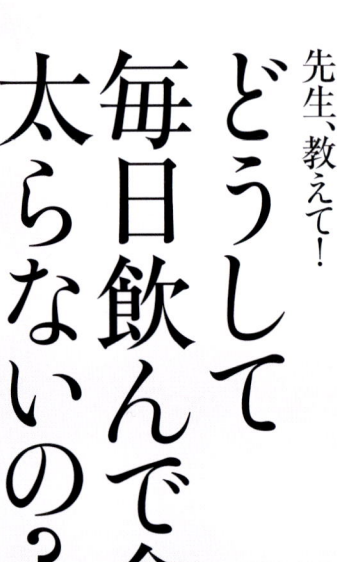

お答えします。

楽しく飲むためのわが家の4つのルール

ルールその1

朝食をしっかりとります

朝食は必ずとります。前の晩どんなに遅くまで飲んでいても、出張などで朝早く家を出なければならなくても、必ずです。平日は通常、自宅から事務所に通っていますが、朝は5時か5時半には起きて、1時間半くらいかけてしっかり朝食をとります。それによって体内リズムが確立し、体調管理に役立ちます。

まず、果物をとります。グレープフルーツ、スイーティ、いちご、キウイフルーツ、りんごなど2〜3種類を組み合せて、もちろんフレッシュなままいただきます。さわやかな味が心身の目覚めを促し、胃液の分泌をよくしてくれます。

次に、牛乳をたっぷり入れたミルクティーを3杯くらい飲み、チーズをのせたトーストを1枚、プレーンヨーグルトは1人½カップ強で、事務所手作りの甘み控えめのジャムを入れていただきます。この3品で、カルシウムが約350mg以上と、1日に必要な量の半分以上がとれます。ちなみに、牛乳・乳製品をとっている人は、とらない人に比べて体脂肪率が低いという調査結果も出ています。

主菜は卵です。1日1個、1人分150gくらいの野菜といっしょにとります。目玉焼きか半熟卵に温野菜、卵と野菜をいためたり、スープにしたり。野菜は、抗酸化ビタミンと食物繊維が豊富な緑黄色野菜を中心にします。よく使うのは、ブロッコリー、グリーンアスパラガス、スナップえんどう、トマト、キャベツなどです。

こうして朝食のパターンを決めておくと、食材もほぼ決まってくるので、買いおきができますし、調理も迷うことがないので、15分もあれば用意できます。

ちなみにパンは、夫がホームベーカリーで焼きます。平日はおいしいパンを買いに行く時間がないので、脂肪分の少ないフランスパン生地に近いパンを焼き、夫用に8枚切りにし、私はその3分の2くらいの大きさに切り分け、冷凍しています。

ホームパーティは、おいしいお酒と
お料理を目当てにたくさんのお客様が。
先に準備をすませて、いっしょに楽しみます。

ルールその2

昼食は、おつまみにもなる常備菜お弁当

昼食は、事務所にいればスタッフといっしょに1時間かけてとります。全員がお弁当持参です。これは、スタッフ全員が管理栄養士か栄養士という、わが事務所の30年来の伝統です。お弁当づくりは、季節の食材の扱いを知り、調理の腕を磨き、栄養のバランスを実践する、格好の栄養学実践トレーニングになるからです。

私のお弁当は、おかずの3分の2以上が野菜です。野菜料理を3品、50gくらいずつ詰めます。それに、主菜になる魚か肉料理を50〜70g、ごはんを100〜150gといったバランスです。

野菜料理のうち2品は常備菜、あと1品は朝、簡単にできる酢の物かおひたしなどです。

私は野菜を買ったら、そのまま保存するのではなく、なるべく早く調理して常備菜にします。2〜3品の常備菜が常にあると、気分的にすごくラクです。常備菜づくりは、時間にいちばん余裕がある朝の仕事です。まずはその日の夜のおつまみとして登場させ、翌日、私のお弁当に入るというわけです。

冷凍保存できる常備菜

※小分けにして冷凍し、そのままお弁当箱に詰めておくと、食べる頃にちょうどよく解凍されます。

ひじきの中国風煮物
(47ページ)

わかめとなめこの当座煮
(57ページ)

カポナータ
(63ページ)

わが家の常連常備菜

れんこんの
酢入りきんぴら
(44ページ)

たたきごぼうの
和風マリネ
(12ページ)

タイム風味の
レンジピクルス
(60ページ)

ルールその3

夕食を楽しむために、間食はしません

わが家では、毎日必ずといっていいほど、夕食にお酒を飲みます。ですから、疲れてエネルギー切れにでもならない限り、夕食をおいしくとるために、間食はほとんどしません。

ゴルフのコンペのあとのパーティでは、サンドイッチやピッツァなどが出ますが、夫も私も、レタスやミニトマトなどをちょっとつまむくらいですませます。自分のおなかのリズムをくずしたくない、早い話が、夕食までにおなかをすっきりすかせたいのです。その分、夕食に何を食べ、何を飲むかは真剣に決めます。

お酒でエネルギーをとるので、ほかの〝エンプティ・カロリー〟、つまり、栄養価の乏しいエネルギー源と呼ばれる糖分や肉の脂身などは、できるだけとらないようにしています。もちろん、仕事での試食は別ですし、きちんと作られたお菓子や、おいしいもの、食べてみたいものは、エンプティ・カロリーに近くても、量を控えて食べます。

甘いものが好きなかたは、きっと私のお酒のように毎日食べたいのだと思います。ただ、お酒は甘いものよりコントロールがラクかもしれません。朝から飲むわけにはいきませんし、私はデイリーに飲む量はだいたい決めていますし、食事が終われば飲まないからで

す。ところが、甘いものやジャンキーなものは、いつでもどこにでもあるので、目でほしくなってしまい、空腹でなくても食べられるのです。それでも、本当に食べたいと思うときに、おいしいお菓子をゆったりとした気分で楽しむような食べ方をすれば、適量で満足できるのではないでしょうか。

エンプティ・カロリーをとる弊害と、食べたいものをがまんすることのバランスをどうとるかは、それぞれの人の人生観です。わが家も、お酒を飲まない夕食のほうが健康管理にいいことはわかっていますが、お酒のあるおいしい食卓を選んでいるのです。

ルールその4
飲んだ分は動きます

たとえば、ビールはコップ１杯で約１００kcalです。ごはんなら½杯分、和菓子なら½個分です。たったこれだけでも、毎日とりすぎれば、１年で体重が５kgふえてしまう計算になります。私は、飲んでいる間は何か食べているので、飲んだら食べないという人よりも健康にはいいものの、体重はふえやすいといえます。ですから、おつまみはエネルギーの低いものを中心にします。

私の食事を計算すると、朝食で５００kcal、昼食が４５０～５００kcal、夕食に飲むお酒は４００～５００kcal、おかずが３００～４００kcal。だいたい１日１７５０kcalを目安にとります。

大切なことは、食べたり飲んだりしたエネルギー分を、しっかり消費することです。１日の消費エネルギーの大半を占めるのは基礎代謝ですが、基礎代謝量は年齢とともに低くなるので、中年太りになりやすいのです。でも、体を積極的に動かせば、エネルギーが消費されるとともに、筋肉の維持と増強ができるので、基礎代謝の低下をくい止めることもでき、体重を維持することがラクにできます。

私が体を動かすのは、朝と週末です。平日の朝は、通勤時に30分から１時間歩きます。さらに、ゴルフの打ちっぱなしを30分プラスする日もあります。これで１００～３００kcal消費することができます。週末は、２～３時間のゴルフの練習か、ラウンドに出ます。練習なら５００kcal、ラウンドに出れば８００kcalくらいの運動量があります。

仕事で使うエネルギーは、日によって違います。大きな撮影がある日は、朝９時から午後５時頃までほとんど立ち仕事です。一日中、打ち合わせや原稿書きで座っていることもあります。

こうした生活をしている私の身体活動レベルは、60才の女性として普通くらいです。そこで、基礎代謝の基準値から計算してみると、１日の消費エネルギーは１７５０kcalくらい。体を動かさない日は２００kcalくらい低くなります。

今、私のエネルギーの出納は帳尻が合っていると思います。というのは、私は身長１６３cmですが、体重は20代より減って47～48kgです。高校時代は56～57kgありました。親の看病に追われていたときは46kgを切ったこともあります。たぶん、私が最も快適に生活できるベスト体重は47～48kgです。そのベスト体重が維持できていれば、消費エネルギーと摂取エネルギーの帳尻が合っているといってよいと思います。

ちなみに私のゴルフ歴は22年になります。その前は10年くらいテニスに夢中でした。中学・高校時代はバレーボール部の選手でした。つまり、思春期以来ほぼ切れ目なく運動をしてきているので、基礎代謝は同年代より少し高いかもしれません。でも、運動はいつから始めても必ず効果が得られるものです。あなたも、１日のアルコールの摂取カロリーを目標に、運動を始めてみましょう。最初は半分がやっとでも、体が慣れて持久力がついてくれば、達成率が上がってきて、いつの間にか体重も減っていくかもしれません。

夫婦二人のワインの夕べは

野菜たっぷり。
でも、肉も魚も
しっかり食べます

野菜料理が3〜4品、
魚と肉料理を1品ずつが
二人で飲むときのメニュー構成です。
わが家は赤ワイン党です。
魚料理はいつも夫の好きな刺し身ですが
香味野菜とオリーブ油の
香りをきかせたカルパッチョなら
赤ワインにもよく合います。
野菜料理も
ゆでたり塩でもんだ歯ごたえに
チーズや魚卵のコクや
焼いた香ばしさをまぶせば
赤ワインに負けない存在感が出て
しっかりと引き立ててくれます。
メインはステーキと焼き野菜です。
アツアツを楽しめるよう
途中でキッチンに立って焼きますが
下調理をしておけば仕上げは5〜6分。
二人でゆっくり飲むためには
下調理を万全にしておき
仕上げがシンプルな料理を
組み合わせることもコツです。

menu

白身魚のカルパッチョ
（作り方15ページ）

にんにくたっぷりステーキ
（作り方17ページ）

カリフラワーと
ブロッコリーの
簡単シーザーサラダ
（作り方35ページ）

かぶの明太子ソース
（作り方13ページ）

焼き野菜の
レモンオイル添え
（作り方13ページ）

日本酒には文句なしに
刺し身が合います。でも、きょうは
とびきりのたいの頭に出会ったので
こちらを主役にしました。
頭はいろいろな味と食感が
楽しめるのが魅力です。
刺し身もたいでは味が重なるので
定番のいかとまぐろです。
かわりに納豆おろしをたれがわりに
添えて、目先を変えます。
日本酒はワインより
炭水化物が多いのですが、
納豆は炭水化物の代謝を促す
ビタミンB群の宝庫。
そんなメリットも
ひそかにねらった組み合わせです。
だから、野菜も和風料理につきものの
甘みをできるだけ控えます。
野菜のもつ自然の甘みを生かして
マヨネーズのコク、焼いた香ばしさ、
酢や梅干しの酸味で
メリハリをつけるのがコツです。
この献立は脂肪も控えめなので
こんなに並べても1人600kcalくらい。
最近食べすぎているかな
というときの宴にもおすすめです。

夫婦二人の日本酒の宴は

魚料理を主役に、納豆や根菜も加えた健康メニュー

お品書き

いかとまぐろの刺し身・納豆おろし添え
(作り方39ページ)

たいのあらの酒塩煮
(作り方15ページ)

あぶり里いもとそら豆
(作り方42ページ)

れんこんの酢入りきんぴら
(作り方44ページ)

菜の花のおかかマヨネーズ
(作り方29ページ)

きゅうりの梅たたき
(作り方55ページ)

おつまみの心得1

スタートはいつも野菜のおつまみです

食卓にまず並べるのは
食物繊維とビタミン満点の野菜のおつまみ。
マリネのような作りおきをつまみながら
たとえば左ページの3品なら
同時進行で下調理ができます。
あとは、たれや衣を合わせるだけだから
即、食卓に出せます。

快い歯ごたえと酸味が疲労回復剤に

たたきごぼうの和風マリネ

材料（2人分×2回）
ごぼう……1本
えのきだけ……1袋
A
- 酢……大さじ2
- しょうゆ……大さじ2
- ごま油……大さじ1⅓
- 酒……小さじ2
- 砂糖……小さじ1

赤とうがらしの小口切り……少々

memo
漬けて30分ほどで食べられる。冷蔵庫で4～5日はもつ。

作り方

1 ごぼうはよく洗って泥を落とし、包丁の柄でたたいてひびを入れ、食べやすい大きさに手で割り、水にさらしてアクを抜く。

2 えのきは根元を切り落とし、3㎝長さに切ってほぐす。

3 ボウルにAを入れてまぜ、赤とうがらしを加える。

4 ごぼうを熱湯でさっとゆで、ゆで上がりにえのきを加えていっしょにざるに上げる。水けをきって3に加え、そのまま冷まして味をなじませる。

1人分
80kcal
塩分0.7g

1人分
89kcal
塩分 0.6g

焼いた香ばしさが食欲をそそる

焼き野菜のレモンオイル添え

材料（2人分）
キャベツ（くし形に切って）……1/6個
グリーンアスパラガス……2本
パプリカ（赤）……1/2個
A
- オリーブ油……大さじ1
- レモン汁……小さじ1
- 塩……小さじ1/4
- こしょう……少々

作り方
1 キャベツはくし形をさらに半分に切る。アスパラガスははかまをとり、かたい根元を切り落とす。パプリカはへたと種を除く。
2 グリル（またはオーブントースター）の焼き網を熱して1を並べ、焼き色がつくまで焼く。
3 アスパラガスとパプリカは食べやすく切り、キャベツとともに器に盛る。Aをまぜ合わせて添える。

1人分
87kcal
塩分 0.5g

少量の明太子で満足できる

かぶの明太子ソース

材料（2人分）
かぶ……3個
かぶの葉……20g
塩……少々
A
- からし明太子……1/4腹
- オリーブ油……大さじ1
- しょうゆ……少々
- こしょう……少々

作り方
1 かぶは縦に3㎜厚さに切り、かぶの葉は刻む。それぞれ軽く塩を振り、しんなりしたら洗って水けをしぼり、器に盛る。
2 Aの明太子は薄皮を除いてボウルに入れ、残りのAを加えてまぜ、1にかける。

1人分
73kcal
塩分 0.5g

コロコロつまめるから、つい手が出る

芽キャベツのマスタードマヨネーズ

材料（2人分）
芽キャベツ……6〜7個
A
- マヨネーズ……大さじ1
- 粒マスタード……小さじ1
- 塩……少々

作り方
1 芽キャベツは縦半分に切り、塩少々（分量外）を加えた熱湯でかためにゆで、ざるに上げて水けをきる。
2 ボウルにAを入れてまぜ、芽キャベツをあら熱がとれたら加えてあえる。

電子レンジ加熱だから
背の青は鮮やかに、身もふっくら

さんまのオイル漬け

1人分
389 kcal
塩分 1.1g

材料（2人分×2回）
さんま……4尾
玉ねぎ……½個
にんにく……1かけ
ローリエ……1枚
サラダ油……1～2カップ
レモン……½個
ベビーリーフ……1袋

作り方
1 さんまは頭を切り落として腹わたを除く。流水できれいに洗って水けをふき、長さを3等分に切る。
2 さんまをバットなどに並べ、7％の塩水（分量外）をかぶるくらいまで注ぎ、3時間ほどおく。
3 玉ねぎとにんにくは薄切りにし、耐熱容器に敷く。ローリエをちぎって散らし、さんまを水けをふいて並べる。
4 ラップをかけて電子レンジ強（600W）で5分、弱（300W）で3～4分加熱する。
5 蒸し汁を捨て、サラダ油をかぶるくらいまで注ぎ、冷めるまで漬ける。
6 器にベビーリーフを敷き、さんまを油をきってのせる。レモンをくし形切りにして添え、食卓でしぼりかける。

memo
サラダ油に漬けたまま冷蔵庫で4～5日はもつ。

おつまみの心得2

シンプルがいちばん！魚介のおつまみ

魚は刺し身がいちばん、というのはわが夫に限りません。でも、鮮度がよければ、煮ても焼いてもシンプルな薄味調理でおいしいもの。まずは、その日にいちばん鮮度のよい魚を吟味するところから始めましょう。

ワインに合う洋風刺し身

白身魚のカルパッチョ

材料（2人分）
たい（刺し身用）……150g
塩……小さじ⅕
トマト……小1個
玉ねぎ……30g
ケイパー……大さじ1
A オリーブ油……大さじ1.5
A 塩、こしょう……各少々

作り方

1 たいは薄いそぎ切りにして器に並べ、塩を振る。

2 トマトはあらみじんに切り、玉ねぎとケイパーはみじん切りにする。玉ねぎは塩少々（分量外）を振って軽くもみ、洗って水けをしぼる。

3 ボウルにAを入れてよくまぜ、2を加えて1に回しかけ、あればチャービルを添える。

1人分
247 kcal
塩分 1.2g

memo
たいのかわりに、ひらめ、いさき、すずきなどの白身魚でも合う。

刺し身用の魚はあらも美味

たいのあらの塩酒煮

材料（2人分）
たいのあら（頭、中骨など）……300g
ねぎ……½本
こぶ……5cm
A 酒……大さじ3
A しょうゆ……小さじ1
A 塩……小さじ1
A 砂糖……小さじ1

作り方

1 たいのあらはうろこをこそげ、熱湯をかけて表面が白くなったら流水で汚れをていねいに洗い流す。

2 ねぎは白い部分と青い部分に分けてせん切りにし、水にさらす。

3 なべにこぶを敷いて水1カップを入れて火にかけ、煮立ったらAを加える。再び煮立ったらたいのあらを重ならないように並べ入れ、煮立ったら火を弱めてアクをすくう。ペーパータオルなどで落としぶたをし、ときどき煮汁をかけながら15〜20分煮る。

4 器に盛り、2を添える。

1人分
170 kcal
塩分 2.8g

おつまみの心得3

もちろん脂肪控えめです 肉のおつまみ

本音をいえば、魚以上に肉が好き……。となれば、低カロリーの割にかさがあってたっぷり食べても安心な、脂肪控えめの部位に限ります。香味野菜もたっぷり使って、コク不足を補いましょう。

低カロリー素材でボリュームアップして

鶏肉とこんにゃくの梅みそ煮

1人分
189kcal
塩分2.2g

材料(2人分)

鶏もも肉(皮なし)……150g
こんにゃく……½枚
しいたけ……2個
ねぎ……⅔本
しょうが……¼かけ
サラダ油……大さじ1
A 水……¼カップ
砂糖……大さじ½
しょうゆ……小さじ1
酒……大さじ1
赤みそ……大さじ1
梅干し……½個

作り方

1 鶏肉は余分な脂身を除き、一口大に切る。Aはまぜ合わせる。

2 こんにゃくは下ゆでし、一口大のそぎ切りにする。しいたけは軸を除いてそぎ切りにする。

3 ねぎは1㎝幅の斜め切りにし、しょうがは薄切りにする。

4 なべにサラダ油を熱して3をいため、香りが立ったら鶏肉、こんにゃく、しいたけを加えていため合わせる。肉の色が変わったらAを加え、梅干しを手でちぎって加える。再び煮立ったら、火を弱めて10〜15分煮る。

じか火焼きだから、さらにオイルレス

豚ヒレのたたき

材料（2人分）

豚ヒレかたまり肉……150g

A
- 塩……小さじ¼
- 酒……小さじ2

万能ねぎ……3本

にんにく……¼かけ

しょうが……½かけ

B
- しょうゆ……大さじ½
- ごま油……大さじ½
- 砂糖……小さじ⅓
- 酒……小さじ2

作り方

1. 豚肉は7㎜厚さに切り、Aを振る。
2. 万能ねぎは小口切りに、にんにくとしょうがはみじん切りにし、Bを加えてまぜる。
3. 焼き網を熱し、豚肉を並べる。両面を色よく焼き、中まで火を通す。
4. 器に豚肉を盛り、2をかける。

1人分
135 kcal
塩分 1.3g

memo
豚肉のかわりに鶏胸肉でもおいしい。

オーストラリア産だからいっそう安心

にんにくたっぷりステーキ

材料（2人分）

牛サーロインステーキ用肉（オーストラリア産）……150g

A
- 塩……小さじ¼
- こしょう……少々

にんにく……½かけ

サラダ油……大さじ½

しょうゆ……小さじ1

クレソン……½束

わさび……適量

作り方

1. 牛肉はAを振る。にんにくは薄切りにし、牛肉の上に並べる。クレソンは葉を摘む。
2. フライパンにサラダ油を熱し、牛肉をにんにくをのせた面を下にして入れる。強火で30秒、弱火で2分焼いて返し、同様に焼く。しょうゆを振って香りをつけ、好みのかげんに焼き上げる。
3. 器に盛り、クレソンとわさびを添える。

1人分
259 kcal
塩分 1.1g

memo
同じ牛サーロイン肉でも、国産和牛なら1人分150㎉アップする。

おつまみの心得4

お弁当にもできる 作りおきおつまみ

平日はいつもお弁当持参です。そこで、お弁当のおかずにもなるメニューを必ず1品はおつまみに組み込んでおきます。そんなお弁当のおかず兼用のおつまみは肉や魚と野菜が同居することと日もちがして作りおきができることが条件。だから、朝は詰めるだけでOKです。

もっちり口あたりよく
ビタミンCもたっぷり

れんこん入り鶏つくね

1人分
207 kcal
塩分 1.4g

材料（2人分×2回）

鶏胸ひき肉……200g
れんこん……200g
A
- 万能ねぎの小口切り……20g
- しょうがのすりおろし……½かけ分
- 塩……小さじ¼
- 卵……1個

サラダ油……大さじ1
B
- みりん……大さじ1.5
- しょうゆ……大さじ1.5

かぶ……4個
かぶの葉……20g

作り方

1 れんこんはすりおろし、水けをきらずにボウルに入れ、ひき肉とAを加えてよく練りまぜる。4等分し、小判形にまとめる。

2 フライパンにサラダ油を熱して1を並べ、両面を焼いて中まで火を通し、Bをからめる。

3 かぶは薄切りにし、かぶの葉は刻む。それぞれ塩少々（分量外）を振り、しんなりしたら洗って水けをしぼる。

4 器に2を盛り、3を添える。

memo
鶏ひき肉は、皮なしやささ身のひき肉でも。冷凍もできる。Bをからめる前の状態で冷凍し、トマト味や甘酢あんなど味つけを変えて楽しむとよい。

主役は食物繊維たっぷりのごぼうです

牛肉とごぼうの当座煮

材料（2人分×2回）
牛もも薄切り肉……200g
ごぼう……大1本
ごま油……大さじ1
A しょうゆ……大さじ1.5
　みりん……大さじ1.5
青じそ……10枚

作り方

1 牛肉は繊維を断ち切るように一口大に切る。

2 ごぼうは皮をこそげてささがきにし、水にさらしてアクを抜く。青じそはせん切りにし、水にさらす。

3 なべにごま油を熱して牛肉を広げていため、肉の色が変わったらごぼうを水けをきって加え、いため合わせる。

4 ごぼうにつやが出たらAを加え、火を弱めて汁けがなくなるまでいり煮にする。

5 器に盛り、水けをきった青じそを添える。

1人分
187 kcal
塩分 1.0g

memo
冷蔵庫で3日はもつ。冷凍保存には向かない。

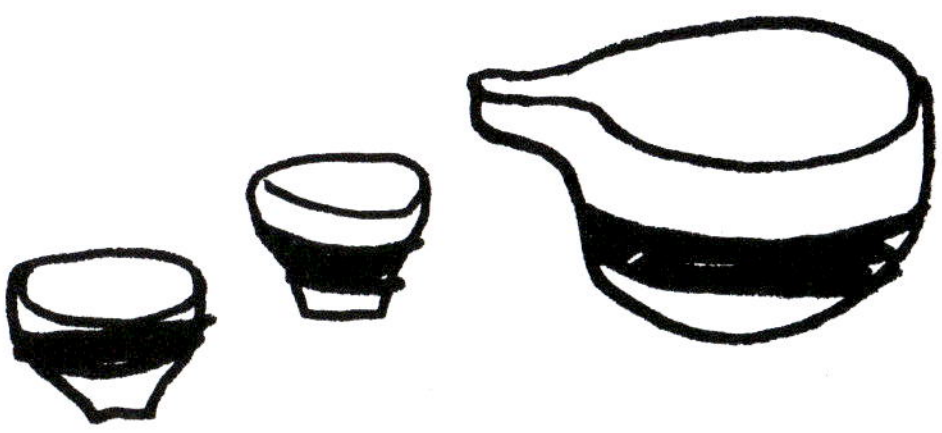

抗酸化ビタミン満点の野菜で
ボリュームを添えて

さばと野菜の焼き漬け

材料（2人分×2回）
さば……小4切れ（320g）
塩……小さじ½
かぼちゃ……150g
にんじん……½本
ねぎ……1本
ししとうがらし……8本
A 赤とうがらしの小口切り……½本分
　だし……¾カップ
　しょうゆ……大さじ2
　酢……大さじ2
　酒……大さじ1
　砂糖……小さじ2

作り方

1 さばは塩を振ってしばらくおき、水けをふく。

2 かぼちゃは1㎝厚さのくし形に切り、ラップに包んで電子レンジで2分加熱する。にんじんは3㎜厚さの輪切りにし、ラップに包んで電子レンジで40～50秒加熱する。

3 ねぎはぶつ切りにする。ししとうはへたを除き、縦に切り目を入れる。

4 小なべにAを入れてひと煮立ちさせ、バットに移して冷ます。

5 焼き網を熱し、2と3の野菜を並べて焼いて4に入れ、次にさばを並べてこんがりと焼き、焼きたてを4に入れ、味がなじむまでおく。

1人分
218 kcal
塩分 1.2g

おつまみの心得5

遅くスタートする日のあり合わせおつまみ

帰りが遅くなった日に頼りになるのは
買いおきのきく食材たち。
乾物、チーズや卵、豆腐、油揚げ、などなど。
これらに常備野菜を合わせれば
ささっと2～3品。そんな手のうち、お見せします。

ちりめんじゃこ

1人分
110kcal
塩分 1.4g

1人分
82kcal
塩分 0.8g

大根のじゃこいため

材料(2人分×2回)
ちりめんじゃこ……大さじ2
大根……400g
大根の葉……100g
ごま油……大さじ2
A しょうゆ……大さじ2
　 みりん……大さじ2

作り方
①大根は短冊切りにする。
②大根の葉は塩少々(分量外)を加えた熱湯でさっとゆで、水にとってしぼり、3㎝長さに切る。
③フライパンにごま油とじゃこを入れて熱し、じゃこがカリカリになったら大根を加えていためる。大根につやが出たら大根の葉を加え、Aを加えてからめる。

焼きねぎのじゃこソース

材料(2人分)
ちりめんじゃこ
……大さじ2
ねぎ(下仁田ねぎなど太いもの)
……1本
サラダ油……大さじ1
しょうゆ……小さじ1

作り方
①ねぎは焼き網の長さに切り、熱した焼き網にのせて転がしながらこんがりと焼き、食べやすく切って器に盛る。
②フライパンにサラダ油とじゃこを入れて熱し、じゃこがカリカリになったらしょうゆを加え、①にかける。

さくらえび

1人分
61kcal
塩分 0.7g

1人分
93kcal
塩分 1.0g

さくらえびと地のりの韓国風当座煮

材料(2人分×4回)
さくらえび……30g
地のり……30g
ごま油……大さじ1
A にんにくのすりおろし
　 ……¼かけ分
　 しょうゆ……大さじ1
　 砂糖……大さじ1
いり白ごま……大さじ1

作り方
①Aはまぜ合わせる。
②フライパンにごま油とさくらえびを入れて弱火にかけ、さくらえびがカリカリになったら地のりを加え、焦がさないようにいためる。
③のりの色が鮮やかになったら、火を止めてAを加える。手早くまぜ、再び火にかけて汁けをとばす。
④バットなどに広げ、ごまを振る。

memo
地のりはシート状に成形していないのり。なければ焼きのりをちぎって使うとよい。

さくらえびともやしと卵のいため物

材料(2人分)
さくらえび……5g
もやし……½袋
にら……20g
A 卵……1個
　 塩……少々
サラダ油……小さじ2
塩……小さじ⅕
しょうゆ……少々

作り方
①もやしはできればひげ根を除く。にらは3㎝長さに切る。
②Aの卵は割りほぐし、塩を加えてまぜる。
③フライパンにサラダ油の半量を熱し、②を流し入れて大きくまぜ、半熟状にいためてとり出す。
④③のフライパンに残りのサラダ油を熱し、さくらえび、もやし、にらを順に入れていため、塩としょうゆを振る。③のいり卵を戻し入れ、手早くまぜ合わせる。

切り干し大根

1人分
192 kcal
塩分 1.5g

1人分
53 kcal
塩分 0.5g

切り干し大根とツナのサラダ

材料（2人分）
切り干し大根……20g
A
しょうゆ……小さじ1
みりん……小さじ1
だし……¼カップ
ツナ缶（オイル漬け）……50g
ゆで卵（かため）……1個
玉ねぎ……20g
B
マヨネーズ……大さじ1
塩……小さじ⅕
こしょう……少々
パセリ……適量

作り方
①切り干し大根は熱湯に1分ほどつけ、水にとってもどす。水けをしぼり、食べやすく切ってAであえる。
②ツナは缶汁をきってほぐす。ゆで卵はあらく刻む。
③玉ねぎは薄切りにして塩少々（分量外）を振り、しんなりしたら洗って水けをしぼる。
④ボウルにBを入れてまぜ、①〜③、ちぎったパセリを加えてあえる。

切り干し大根のナムル風

材料（2人分×2回）
切り干し大根……40g
きゅうり……1本
にんじん……10g
A
にんにく……¼かけ
しょうが……¼かけ
ごま油……小さじ2
塩……小さじ¼
しょうゆ……小さじ⅔
一味とうがらし……適量

memo
冷蔵庫で保存すれば2〜3日はもつ。

作り方
①切り干し大根は熱湯に1分ほどつけ、水にとってもどし、水けをしぼって食べやすく切る。
②きゅうりは縦4等分に切ってから斜め薄切りにする。にんじんはせん切りにする。それぞれ塩少々（分量外）を振り、しんなりしたらさっと洗い、水けをきつくしぼる。
③Aのにんにくとしょうがはすりおろし、残りのAと合わせ、①と②を加えてあえる。

チーズ

1人分
257 kcal
塩分 1.9g

1人分
179 kcal
塩分 1.2g

ソーセージのチーズトマト煮

材料（2人分）
ウインナソーセージ……4本
トマト……大1個
玉ねぎ……¼個
ブロッコリー……80g
オリーブ油……大さじ½
塩……小さじ⅓
こしょう……少々
ピザ用チーズ……30g

作り方
①ソーセージは斜め半分に切る。トマトはくし形に切る。玉ねぎはくし形に切ってから長さを半分に切る。
②ブロッコリーは小房に分け、塩少々（分量外）を加えた熱湯でゆで、水けをきる。
③フライパンにオリーブ油を熱してソーセージ、玉ねぎ、トマトを順に入れていためる。トマトがクタッとしたら塩とこしょうを振り、ブロッコリーを加える。チーズを加えてふたをし、チーズがとけたら火を止める。

じゃがいものチーズいため

材料（2人分）
じゃがいも……2個
玉ねぎ……30g
ロースハム……1枚
グリーンアスパラガス……2本
にんにくのみじん切り……¼かけ分
オリーブ油……大さじ1
A
塩……小さじ⅓
こしょう……少々
粉チーズ……小さじ2
粉チーズ……小さじ1

作り方
①じゃがいもは皮つきのまま拍子木切りにし、水にさらし、水けをきる。玉ねぎは薄切りに、ハムは細切りにする。
②アスパラガスは塩少々（分量外）を加えた熱湯でゆで、3㎝長さの斜め切りにする。
③フライパンにオリーブ油とにんにくを入れて熱し、香りが立ったらじゃがいもを加えていため、つやが出たら玉ねぎを加えていためる。じゃがいもに火が通ったらハム、アスパラガスを順に加えていため、Aを加えて手早くからめる。
④器に盛り、粉チーズを振る。

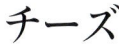

豆腐

1人分
292kcal
塩分 2.0g

1人分
126kcal
塩分 0.9g

ふわふわいり豆腐

材料（2人分）
絹ごし豆腐……1丁
鶏胸ひき肉……50g
にんじん……10g
しいたけ……2個
しょうが……½かけ
サラダ油……大さじ½
A
酒……大さじ1
薄口しょうゆ……小さじ2
砂糖……小さじ1
塩……小さじ⅓
牛乳……½カップ
卵……2個
糸三つ葉……適量

作り方
①にんじんとしょうがはせん切りに、しいたけは軸を除いて薄切りにする。卵は割りほぐす。
②なべにサラダ油としょうがを熱し、香りが立ったらひき肉を加えてポロポロにいためる。にんじんとしいたけを加えていため、Aを加えていり煮にする。
③豆腐を加えてほぐしながらいため、牛乳を加える。煮立ったらとき卵を回し入れてさっと煮、三つ葉を1㎝長さに切って散らす。

豆腐とねぎのラー油かけ

材料（2人分）
木綿豆腐……1丁
ねぎ（白い部分）……¼本
香菜……適量
A
ラー油……小さじ½
しょうゆ……小さじ2

作り方
①豆腐は水きりして食べやすく切り、器に盛る。
②ねぎはせん切りにし、香菜はちぎり、ともに水にさらして水けをふき、①にのせる。Aをかけて食べる。

油揚げ

1人分
212kcal
塩分 1.1g

1人分
130kcal
塩分 0.7g

一宝菜

材料（2人分）
油揚げ……1枚
白菜……200g
にんじん……20g
玉ねぎ……¼個
しょうが……¼かけ
サラダ油……大さじ1
A
水……¼カップ
鶏ガラスープのもと……小さじ½
酒……大さじ½
塩……小さじ¼
こしょう……少々
かたくり粉……大さじ½

作り方
①油揚げは熱湯をかけて油抜きをし、食べやすく切る。
②白菜は一口大のそぎ切り、にんじんは細切りにする。玉ねぎは細めのくし形に切る。しょうがはせん切りにする。
③フライパンにサラダ油としょうがを入れて熱し、香りが立ったら玉ねぎ、白菜、にんじん、油揚げを順に加えていため合わせる。Aを加えて油揚げと野菜に火が通るまで煮、塩とこしょうで調味する。倍量の水でといたかたくり粉を流し入れ、とろみをつける。

油揚げとフジッリの煮物

材料（2人分×2回）
油揚げ……1枚
フジッリ……60g
だし……1カップ
しょうゆ……大さじ1
みりん……大さじ1

memo
冷凍保存もできるので使っておくと便利。

作り方
①油揚げは熱湯をかけて油抜きをし、短冊切りにする。
②フジッリは1％の塩（分量外）を加えた熱湯で表示時間どおりにゆで、ざるに上げる。
③なべにだしとしょうゆ、みりんを入れて煮立て、油揚げとフジッリを加えて味がなじむまで10分ほど煮る。

卵

1人分
198 kcal
塩分 2.1g

のりと明太子の卵焼き

材料(2人分)
卵……3個
糸三つ葉……½束
からし明太子……50g
焼きのり……¼枚
A 酒……小さじ1
A しょうゆ……小さじ½
サラダ油……小さじ2
大根おろし……50g
しょうゆ……小さじ½

作り方
①明太子とのりは手でちぎる。三つ葉は刻む。
②ボウルに卵を割りほぐし、①とAを加えてまぜる。
③フライパンにサラダ油の半量を熱し、②の半量を流し入れて半熟状に焼き、片側に巻き寄せる。
④残りのサラダ油を熱して残りの卵液を流し入れ、③に巻きながら焼く。
⑤熱いうちにアルミホイルに包んで形を整え、あら熱がとれたら食べやすく切る。あれば青じそを敷いて盛り、大根おろしを添え、しょうゆをかける。

1人分
200 kcal
塩分 1.2g

トマトチーズエッグ

材料(2人分)
卵……2個
トマト……2個
サラダ油……大さじ1
A 塩……小さじ⅓
A こしょう……少々
A バジル(ドライ)……適量
ピザ用チーズ……20g

作り方
①トマトはくし形に切る。
②フライパンにサラダ油を熱してトマトをリング状に並べて焼き、中央に卵を割り入れ、Aを振る。白身がかたまり始めたらチーズを散らし、好みのかたさに火を通す。

生ハム

1人分
111 kcal
塩分 0.6g

生ハムと玉ねぎのマリネ

材料(2人分)
生ハム……4枚
玉ねぎ……½個
A 酢……小さじ1
A オリーブ油……大さじ1
A 塩、こしょう……各少々
ルッコラ……2株

作り方
①生ハムは手でちぎる。玉ねぎは薄切りにし、塩少々(分量外)を振ってしんなりしたら水にさらし、水けをしぼる。
②ボウルにAを入れてまぜ、①を加えてあえる。ルッコラを食べやすく切って加え、さっとあえる。

1人分
173 kcal
塩分 1.1g

生ハムとミックスビーンズのサラダ

材料(2人分)
生ハム……4枚
ミックスビーンズ(水煮)……100g
トマト……小1個
きゅうり……½本
玉ねぎ……20g
パセリのみじん切り……少々
A 酢……大さじ1
A オリーブ油……大さじ1
A 塩……小さじ⅓
A こしょう……少々

作り方
①生ハムは手でちぎる。トマトときゅうりは1.5㎝角に切る。
②玉ねぎはみじん切りにして塩少々(分量外)を振り、しんなりしたら洗って水けをしぼる。
③ボウルにAを入れてよくまぜ、①と②、水けをきったミックスビーンズ、パセリを加えてあえる。

アンチョビー

1人分
137 kcal
塩分 1.1g

アンチョビーレタス

材料(2人分)
アンチョビー(フィレ)……3枚
レタス……⅓個
にんにく……½かけ
赤とうがらし……½本
オリーブ油……大さじ2
塩、こしょう……各少々

作り方
①アンチョビーとにんにくはみじん切りにする。赤とうがらしは小口切りにする。
②レタスは2等分のくし形に切り、器に盛る。
③フライパンにオリーブ油とにんにくを入れて熱し、香りが立ったらアンチョビーと赤とうがらしを加えてよくまぜながらいためる。塩とこしょうで調味し、②にかける。

1人分
37 kcal
塩分 1.5g

アンチョビーのおろしあえ

材料(2人分)
アンチョビー(フィレ)……6枚
大根おろし……80g
レモン……⅛個

作り方
①アンチョビーは油をきり、手でちぎって器に盛る。
②レモンは薄いいちょう切りにして大根おろしとあえ、①にのせる。

先生、教えて！

酒に呑まれない飲み方・食べ方

お酒はエネルギー源になるだけでなく、体内で吸収・分解される過程で体にさまざまな影響を与えます。いちばん気になるのは肝臓に負担をかけること。ほかにも血糖値や血圧が上がったり、中性脂肪がふえたりと、生活習慣病のリスクが増すことも心配です。お酒を飲むと体の中でどんなことが起こるのでしょうか？　そのリスクを防ぐ飲み方・食べ方のポイントも紹介してもらいましょう。

お答えします。

お酒のリスクと、リスクを抑える飲み方・食べ方

リスクその1

すきっ腹に飲むと胃や腸の粘膜を荒らす

飲み方・食べ方その1

まず、粘膜を守るネバネバ食品や乳製品を食べる

酒類に含まれているアルコールは、ビールで5%、ワインで12%、日本酒で15%ほどです（76ページ参照）。

アルコールは消化を必要としません。たとえば砂糖は、消化酵素によってブドウ糖に分解されて初めて吸収されます。アルコールはこうした分解作業なしでそのまま水と油の両方にとけやすいので、すぐに胃や小腸から吸収され、肝臓に運ばれます。

したがって、すきっ腹にいきなりお酒を飲むと、胃や腸に強い刺激を与え、粘膜を荒らすおそれがあります。特にアルコール度の高いお酒は要注意です。

それを防ぐには、まず、粘膜を保護するネバネバ成分を含む納豆、オクラ、モロヘイヤ、里いもや山いも、あるいはチーズなどの乳製品を食べてから飲むことです。

リスクその2

飲みすぎは肝臓に負担をかける

肝臓に運ばれたアルコールは図1に示したように、肝臓がつくる酵素の働きでアセトアルデヒドから酢酸へと分解され、血液によって全身に運ばれて燃焼し、二酸化炭素と水になり、最終的に呼気や汗、尿に排出されます。

アセトアルデヒドは非常に有害な物質です。血液中の濃度が濃くなると、動悸、顔面紅潮、頭痛などを起こし、飲酒量が肝臓の処理能力を超えると、翌日まで頭痛、吐き気、食欲不振などが残るのが二日酔いです。

肝臓の本来の仕事は、図2に示したように、栄養素の代謝、解毒、老廃物の排出です。肝臓がアルコールの代謝に追われている間は、こうした機能が低下してしまいます。その結果、代謝されなかった脂肪が肝臓に蓄積されて脂肪肝になります。さらに肝臓の負担が増せば、肝細胞が破壊されるアルコール性肝炎や、肝臓が硬くなる肝硬変が起きてきます。

飲み方・食べ方その2

低カロリーおつまみを食べながら飲む

二日酔いは肝臓が疲れている赤信号です。私は二日酔いを経験したことがあまりありません。低カロリーのおつまみを食べながら飲んでいるおかげだといえます。

高カロリー食は肝臓に負担をかけ、肥満を招きます。良質たんぱく質をとることが大切ですが、同時に脂肪をとりすぎないよう注意します。

貝類、たこ、いかは低脂肪のうえ、肝臓の機能を高めるタウリンを多く含んでいます。大豆のたんぱく質成分であるグリシニンも効果的なので、大豆製品も積極的にとりましょう。たんぱく質の代謝に必要なビタミン類が豊富な緑黄色野菜をいっしょにとることも大切です。また、カレー粉に使われるウコン（ターメリック）の黄色い色素成分のクルクミン、ごまのセサミノールなどの機能性成分にも、肝臓の機能を高める働きがあります。

体の中でのアルコールの通り道と変化（図1）

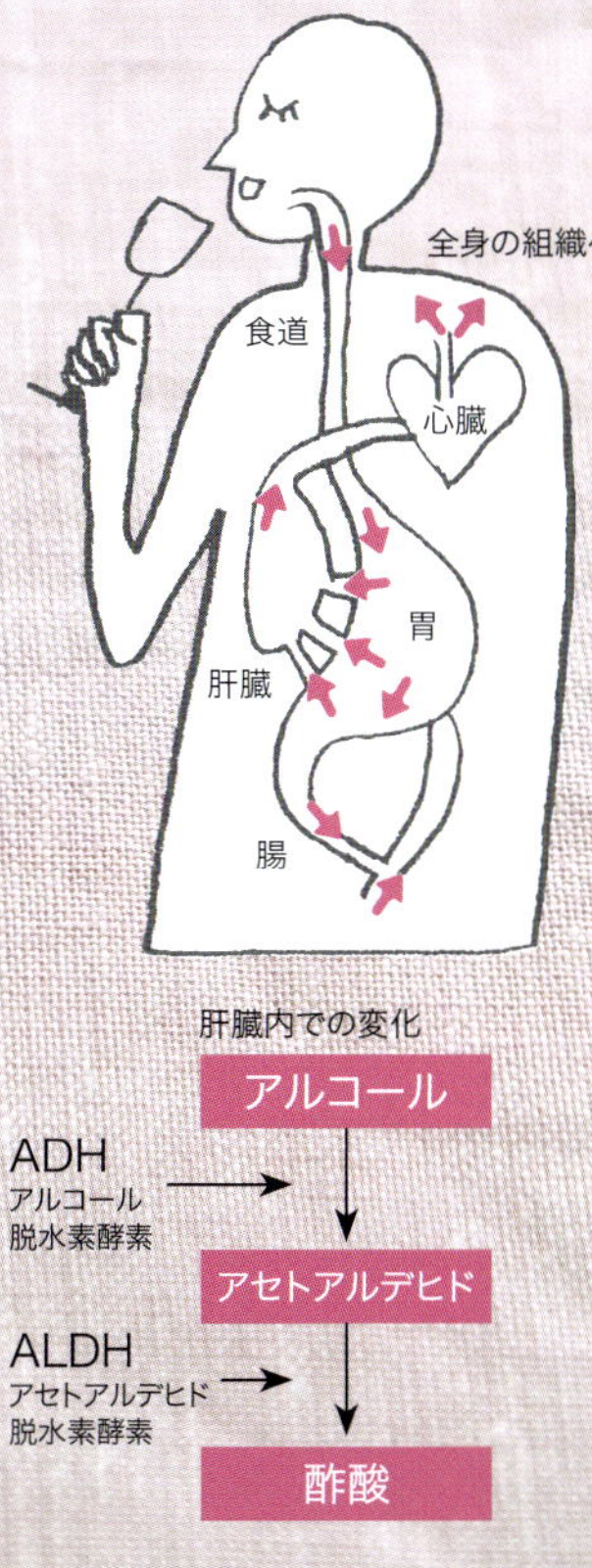

肝臓の働き（図2）

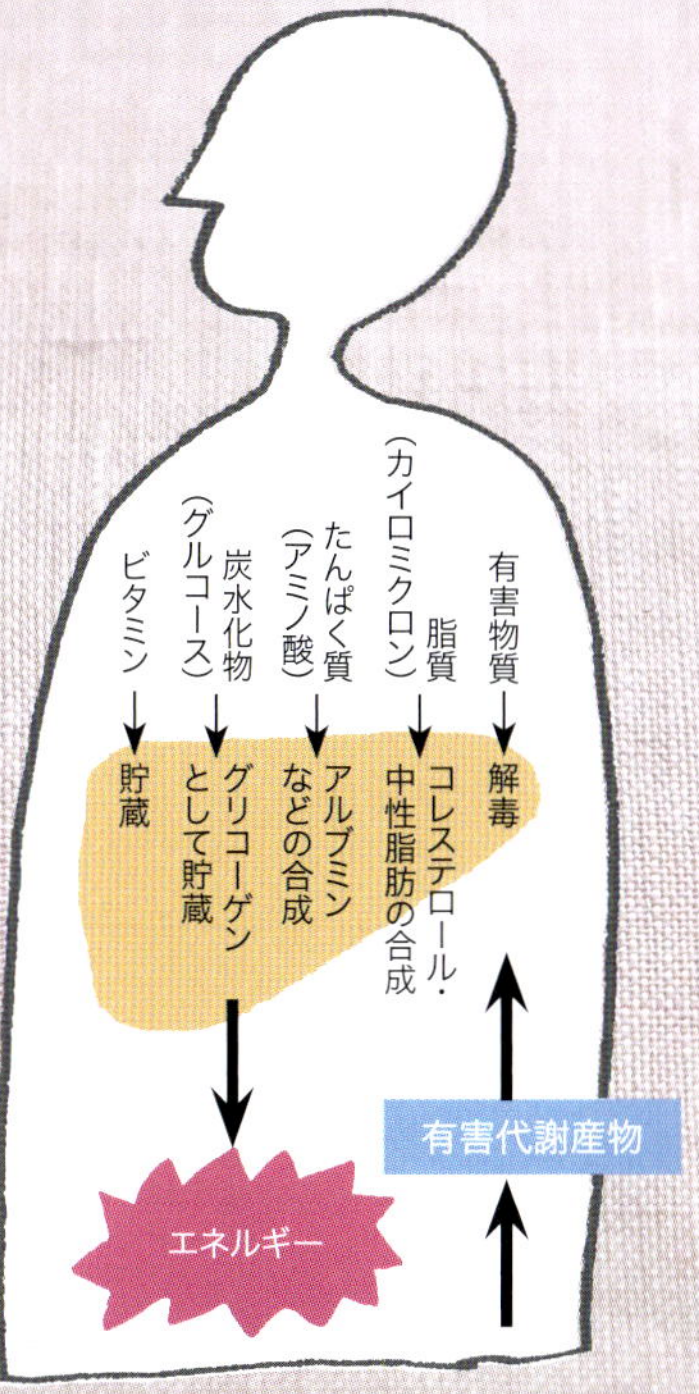

リスクその3

お酒は砂糖以上に高カロリーで血糖値を急上昇させる

アルコールは三大栄養素の脂肪、炭水化物、たんぱく質と同じようにエネルギーを発生します。その量は1gあたり7kcal。脂肪は1gあたり9kcal、たんぱく質と炭水化物はそれぞれ4kcalです。つまり、アルコールは砂糖より高カロリーなのです。

血糖値を急激に上げる点でもアルコールは砂糖以上です。砂糖は消化酵素によってブドウ糖に分解されてから吸収されますが、アルコールはそのプロセスがないので、吸収がいっそう早く、それだけ血糖値も急激に上がるからです。しかも、醸造酒には炭水化物も含まれているので、血糖値をいっそう上げやすいのです。高血糖が続くと肥満や糖尿病のリスクが高まり、メタボリックシンドロームを招くことはいうまでもありません。

飲み方・食べ方その3

アルコール度の低いお酒から始めて低カロリー&高食物繊維のおつまみでゆっくりと

お酒による血糖値の上昇をできるだけ抑えるには、第一に、最初からアルコール度数の高いお酒を飲まないことです。わが家のパーティもビールから始めますが、比較的アルコール度数の低いビールなどから飲み始めて、ゆっくりとしたペースで飲むようにします。

おつまみは、お酒のピッチを上げないためにも有効ですが、食物繊維の多い食品ならさらに効果的。食物繊維がアルコールの消化吸収を妨げてゆっくりにしてくれるからです。ただし、高カロリー料理では逆効果。海草やきのこ、こんにゃくなどの超低カロリー食品を油や砂糖を控えめに調理した、低カロリーで食物繊維たっぷりのおつまみを積極的にとりましょう。もちろん、いくら飲み方とおつまみを工夫しても、お酒をたくさん飲んでエネルギーをとりすぎれば、血糖値の上昇を防ぐことは難しくなります。

血糖値の上昇を抑えるおすすめおつまみ

こんにゃくのおかか煮
(46ページ)

しいたけのしょうが風味煮
(46ページ)

もずくの山かけ
(47ページ)

寒天のはるさめサラダ風
(47ページ)

リスクその4

アルコールは中性脂肪をふやす

中性脂肪やコレステロールは肝臓で合成されて全身に運ばれ、活動エネルギーとなったり、細胞膜やホルモンの材料になるなど、生きるために欠かせない存在です。しかし、多くなりすぎて脂質異常症が続くと、動脈硬化が進み、命にかかわる疾病を招きかねません。

中性脂肪は、活動で消費する以上に多くとってしまったエネルギーからつくられます。特に甘いものや果物などのとりすぎは、余った糖が即刻、中性脂肪になります。アルコールは、肝臓での脂肪の合成を盛んにするため、飲みすぎると中性脂肪の増加を招きます。

中性脂肪値が高くなると、善玉コレステロール（HDL値）が減ってしまうことがわかっています。その結果、総コレステロール値が上がり、動脈硬化のリスクがさらに増します。

すでに中性脂肪値が高い人は、コレステロール値にも注意が必要です。コレステロールを多く含む食材や脂肪の多い肉を避け、抗酸化ビタミンの多い緑黄色野菜をたっぷりとりましょう。

飲み方・食べ方その4

お酒は適量にとどめ甘いものや穀物は控えめに

中性脂肪を上げないためには、まず、お酒を飲みすぎないこと（適量を知る方法は76ページで紹介します）。お酒を飲む日は、甘いものを控えること。お菓子だけでなく、甘い飲み物、果物のとりすぎにも注意しましょう。おつまみはエネルギーの高いものを控え、食物繊維の多い根菜や海草、豆類などを積極的にとりましょう。もちろん、〆のごはんやめんは控えめにします。

リスクその5

アルコールは血圧を上昇させる

飲み方・食べ方その5

おつまみは脂肪を控えて低カロリー&低塩分に

血圧の上昇は遺伝的な要因に加え、飲酒、喫煙、不規則な生活、運動不足などが原因としてあげられます。お酒の場合は、エネルギーのとりすぎに加え、おつまみによって塩分をとりすぎることが大きな引き金になります。

血圧の上昇を抑えるには、エネルギーのとりすぎを防ぐために、脂肪の多い肉や魚、調理の油を控えること。おつまみは種類が多くほしいものです。1品の量はごはんのおかずの6～7割くらいに控えましょう。おつまみは、食材の持ち味や風味、香味野菜、酢などを生かして薄味を心がけます。塩辛やからし明太子、イクラなどの塩蔵品は、そのまま食べるのではなく、野菜と組み合わせて調味料がわりに使うようにしましょう。

おすすめ健康食材おつまみ

お酒に呑まれないために役立つ食材を集めました。
おつまみに向かないのでは？
と思い込んでいた食材こそ、じつはおすすめ。
おすすめの理由とともにじっくり味わってください。

おすすめ健康食材

▼ほうれんそう
▼菜の花
▼チンゲンサイ

体にいい栄養成分が詰まった健康食材の雄

青菜は血管を守る
抗酸化ビタミンと
カルシウム、鉄などのミネラルの宝庫。
しかも食物繊維が豊富で
低カロリーです。
青菜特有のえぐみやかすかな苦み、
辛みなどの風味は
お酒の引き立て役にぴったりですが
これらも、さまざまな機能性をもつ
ポリフェノールの宝庫です。

油を加えてゆでると
口あたりなめらか

釜揚げほうれんそう

材料（2人分）
ほうれんそう……150g
しょうゆ……大さじ½

作り方

1 ほうれんそうは根元に十文字の切り目を入れる。
2 熱湯に塩とサラダ油各少々（分量外）を加え、ほうれんそうをさっとゆで、ざるに上げて水けをきる。
3 器に盛り、食卓でしょうゆをかける。

1人分
32 kcal
塩分 0.7g

マヨネーズのコクとおかかのうまみが
ほろ苦さを引き立てます

菜の花のおかかマヨネーズ

材料（2人分）
菜の花……100g
A
- かつおぶし……適量
- マヨネーズ……大さじ1
- しょうゆ……小さじ1

作り方

1 菜の花はかたい根元を切り落とし、塩少々（分量外）を加えた熱湯でゆで、水にとって水けをしぼり、3㎝長さに切る。

2 ボウルにAを入れてまぜ、菜の花を加えてあえる。

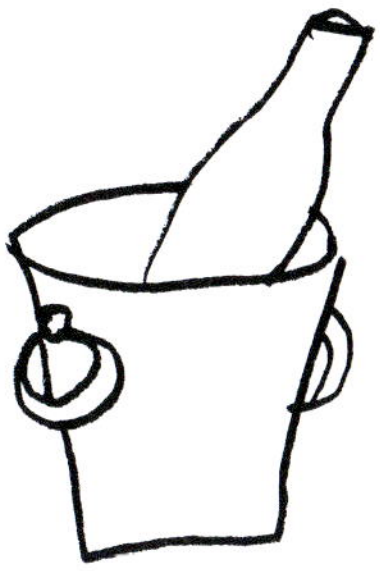

シャキシャキの歯ごたえと
クリーミーな味が絶妙

チンゲンサイのチーズ煮

材料（2人分）
チンゲンサイ……200g
エリンギ……1本
にんにく……¼かけ
プロセスチーズ……20g
A
- 牛乳……⅔カップ
- 鶏ガラスープのもと……小さじ½
- 砂糖……小さじ½
- 塩……小さじ⅖
- こしょう……少々

サラダ油……小さじ2

作り方

1 チンゲンサイは3㎝長さに切り、株元は6〜8つに割る。エリンギは長さを半分に切ってから縦に裂く。ともに塩とサラダ油各少々（分量外）を加えた熱湯でかためにゆで、ざるに上げて水けをきる。

2 にんにくはみじん切りにし、チーズは5㎜角に切る。

3 フライパンにサラダ油とにんにくを入れて熱し、香りが立ったらチーズを加えていため、Aを加える。煮立ったら、チンゲンサイとエリンギを加えてひと煮する。

にんじん嫌いも解消の
大人の味

にんじんのXO醤いため

材料（2人分）
にんじん……1本
ねぎ……⅓本
サラダ油……大さじ½
A
XO醤……大さじ½
しょうゆ……小さじ1
酒……小さじ1

作り方
1 にんじんは細長い乱切りに、ねぎは小口切りにする。
2 フライパンにサラダ油を熱し、にんじんをいためる。透明感が出たら、ねぎを加えていため合わせる。
3 にんじんに火が通ったらAを加え、からめながらいためる。

隠し味はしょうゆの香り

トマトの香味ソースかけ

材料（2人分）
トマト……2個
玉ねぎ……30g
セロリ……¼本
セロリの葉……少々
A
ごま油……小さじ1
塩……小さじ⅓
サラダ油……大さじ½
酢……大さじ1
しょうゆ……少々

作り方
1 玉ねぎとセロリはみじん切りに、セロリの葉はせん切りにする。
2 ボウルにAを入れ、1を加えてまぜる。
3 トマトは輪切りにして器に盛り、2をかける。

シャキシャキとした歯ごたえも
おつまみの必要条件です

にんじんとれんこんの甘酢煮

材料（2人分）
にんじん……30g
れんこん……150g
A
酢……大さじ1
砂糖……大さじ1
塩……小さじ¼
だし……⅔カップ
しょうゆ……小さじ1

memo
冷蔵庫で2～3日もつので
作っておくと便利。

作り方
1 にんじんとれんこんは乱切りにし、れんこんは水にさらしてアクを抜く。
2 なべにAを入れて煮立て、1を加えてときどきまぜながら火が通るまで煮る。

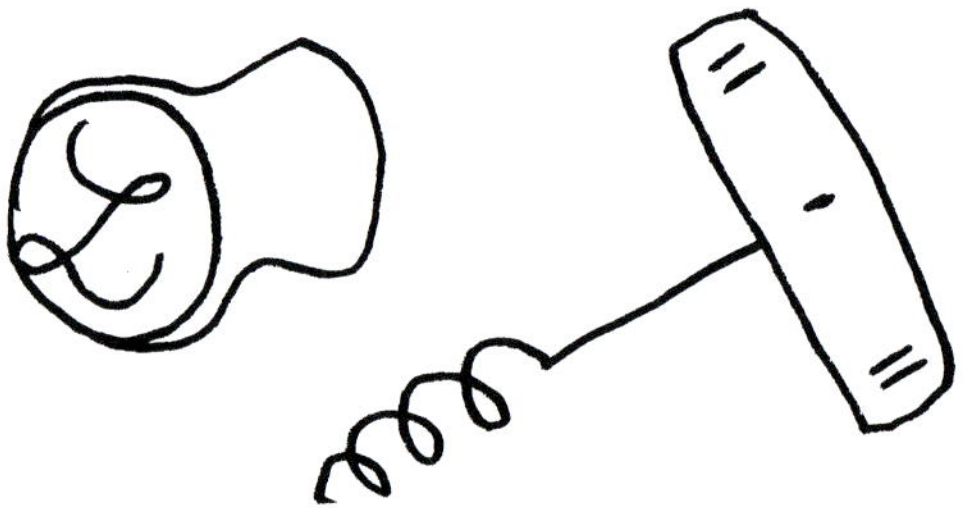

おすすめ健康食材

▼にんじん ▼トマト

元気をもたらす抗酸化ビタミンと色素成分の宝庫

にんじんは抗酸化ビタミンの雄カロテン、トマトは、抗酸化作用のある色素成分、リコピンの宝庫。甘みのある野菜をおつまみに変身させる秘訣は香り&辛み&酸味のアクセントです。

にんじんと
れんこんの甘

1人分
78 kcal
塩分 1.2g

にんじんの
XO醤いため

1人分
90 kcal
塩分 0.9g

1人分
84 kcal
塩分 0.9g

トマトの
香味ソースかけ

トマトの酸味と赤みでオツなアクセント

ピーマンとなすの辛味いため

材料（2人分）
ピーマン……1個
なす……2個
トマト……小1個
サラダ油……大さじ1
A
豆板醤……小さじ⅓
オイスターソース……小さじ2
しょうゆ……小さじ1
砂糖……少々
酒……大さじ½

作り方
1 ピーマンは縦半分に切って種とへたを除き、横に乱切りにする。なすは縦半分に切ってから1.5㎝厚さの斜め切りにし、水にさらす。トマトはくし形に切る。
2 フライパンにサラダ油を熱し、なす、ピーマンを順に加えていため、なすが少ししんなりしたらトマトを加えていため合わせる。全体に油が回ったらAを加え、汁けをとばしながら味がなじむまでいためる。

▼ピーマン
▼パプリカ
▼ししとうがらし

おすすめ健康食材

血管を守る抗酸化ビタミンが勢ぞろい

ほろ苦さがおつまみに人気のピーマンとししとうはうれしいことに抗酸化作用のあるビタミンCとカロテンがたっぷり。

ししとうは、血圧の上昇を防ぐカリウムも豊富です。

みずみずしい甘みたっぷりのパプリカは、ビタミンEも満点。

京のおばんざいに食物繊維をプラス

ししとうとじゃこのきんぴら

材料（2人分×2回）
ししとうがらし……1パック
しめじ……1パック
ちりめんじゃこ……大さじ2
赤とうがらしの小口切り……少々
ごま油……大さじ1⅓
A
しょうゆ……大さじ1⅓
みりん……大さじ1⅓

作り方
1 ししとうはへたを除いて縦に切り目を入れる。しめじは石づきを除いてほぐす。
2 フライパンにごま油と赤とうがらしを入れて熱し、温まったらじゃこを加えていためる。じゃこがカリカリになったら、ししとう、しめじを順に加えていため合わせる。全体にしんなりしたらAを加え、味をからめる。

冷やすとさらにおいしい

パプリカのエスニックマリネ

材料（2人分×2回）
パプリカ（赤・黄色）……各1個
なす……2個
玉ねぎ……¼個
A
サラダ油……大さじ2
にんにくのみじん切り……¼かけ分
豆板醤……小さじ⅓～½
ナンプラー……大さじ1
レモン汁（または酢）……大さじ1
塩、こしょう……各少々

作り方
1 パプリカとなすは熱した焼き網にまるごとのせ、転がしながら全体に焦げ目がつくまで焼く。
2 冷水にとって皮をむき、パプリカは縦に1㎝幅に切り、なすは手で縦に裂く。
3 玉ねぎは薄切りにして塩少々（分量外）を振り、しんなりしたら洗って水けをしぼる。
4 ボウルにAを入れてよくまぜ、2と3を加えてあえ、味をなじませる。器に盛り、あれば香菜をちぎって添える。

ししとうと
じゃこのきんぴら
1人分
72 kcal
塩分 1.0g

ピーマンとなすの
辛味いため
1人分
100 kcal
塩分 1.3g

パプリカの
エスニックマリネ
1人分
91 kcal
塩分 1.0g

1人分
113 kcal
塩分 1.5g

あさりのうまみとミネラルで元気度アップ

キャベツのあさりいため

材料（2人分）
キャベツ……4枚
あさり（殻つき）……250g
酒……大さじ1
しょうがのせん切り……½かけ分
A しょうゆ……小さじ1
A 酒……大さじ1
A こしょう……少々
サラダ油……大さじ1

作り方

1 キャベツは3㎝角に切る。

2 あさりは砂出しをし、殻と殻をこすり合わせてよく洗い、ざるに上げて水けをきる。

3 フライパンにサラダ油としょうがを入れて火にかけ、香りが立ったらあさりを加えてさっといためる。酒を振ってふたをし、蒸し煮にする。

4 あさりの口が開いたら、キャベツを加えて大きくまぜながらいためる。キャベツにつやが出たらAを加え、手早く味をからめる。

おすすめ健康食材

▼カリフラワー
▼ブロッコリー
▼キャベツ

アブラナ科の優等生はおつまみにも最適

がん予防でも注目されるアブラナ科の野菜の代表選手たちです。ブロッコリーは血管を守るカロテン、カリフラワーはビタミンC、キャベツは胃壁を守るビタミンUの宝庫。かために火を通して歯ごたえを楽しみましょう。

1人分
85kcal
塩分 0.9g

マヨネーズ&粉チーズで手軽に

カリフラワーとブロッコリーの簡単シーザーサラダ

材料（2人分）
カリフラワー……80g
ブロッコリー……80g
A
マヨネーズ……大さじ1
粒マスタード……小さじ1
にんにくのすりおろし……少々
塩……小さじ1/5
こしょう……少々
粉チーズ……大さじ1

作り方
1 カリフラワーとブロッコリーは小房に分け、塩少々（分量外）を加えた熱湯でいっしょにゆでて、ざるに上げて水けをきり、あら熱をとる。
2 ボウルにAを入れ、粉チーズの半量を加えてよくまぜ、1を加えてあえる。
3 器に盛り、残りの粉チーズを振る。

1人分
34kcal
塩分 1.0g

海の幸のミネラルとレモンで
疲労回復効果も

キャベツとわかめのレモンじょうゆ

材料（2人分）
キャベツ……200g
わかめ（もどして）……20g
ちりめんじゃこ……大さじ1
A
レモン汁……小さじ1
しょうゆ……大さじ1/2

作り方
1 キャベツは大きいまま熱湯でさっとゆで、ざるに広げて冷まし、5cm長さで1.5cm幅に切って水けをしぼる。
2 わかめは食べやすく切る。
3 ボウルにAを入れ、1と2、じゃこを加えてあえる。

1人分
67 kcal
塩分 0.9g
かぶと葉のおひたし
1人分
53 kcal
塩分 1.1g
簡単べったら
1人分
47 kcal
塩分 1.3g
大根とねぎの
スープ煮

大地の甘みがじんわりと
胃にしみわたる

大根とねぎのスープ煮

材料(2人分×2回)
大根……400g
ねぎ……1本
しょうが……1かけ
A
鶏ガラスープのもと……大さじ½
酒……大さじ1
塩……小さじ⅔
粒黒こしょう……適量
サラダ油……大さじ½

memo
1日に1回、火にかけて煮立てれば2~3日はもつ。

作り方
1 大根は乱切りにし、水から入れて火が通るまでゆで、ざるに上げる。
2 ねぎは4cm長さのぶつ切りに、しょうがは薄切りにする。
3 なべにサラダ油を熱し、ねぎとしょうがをいため、香りが立ったらAと大根、ひたひたの水を加える。煮立ったら火を弱め、ふたをして大根がやわらかくなるまで煮る。

すぐに食べられて保存もきく

簡単べったら

材料(2人分×3回)
大根……½本(500g)
塩……大さじ1
こぶ……5cm角
赤とうがらし……1本
ゆずの皮……適量
甘酒……100g
砂糖……大さじ1

作り方
1 大根は5cm長さに切ってから皮をむき、縦に10~12等分に切り、ざるに広げて天日で2~3時間干す。
2 ボウルに入れて塩を振り、皿などを重しにして2~3時間おき、水けをしぼる。
3 こぶは細切りにし、赤とうがらしは小口切りにする。ゆずの皮はそぎ切りにする。
4 2に3を加え、甘酒と砂糖を加えてまぜる。

memo
すぐに食べられて、冷蔵庫で保存すれば4~5日はもつ。

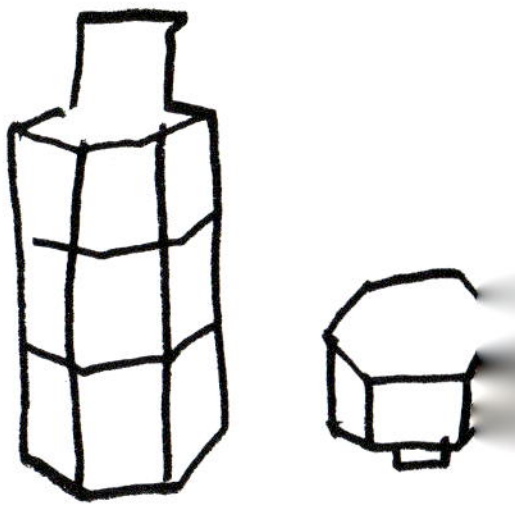

なめらかな食感と甘みの秘訣は
ゆで湯にあり

かぶと葉のおひたし

材料(2人分)
かぶ……小3個
かぶの葉……3個分
A
しょうゆ……小さじ2
みりん……大さじ½
かつおぶし……小1袋(3g)

作り方
1 かぶは5mm厚さの半月切りにする。かぶの葉は3cm長さに切る。
2 なべに湯を沸かし、塩とサラダ油各少々(分量外)を加え、かぶを入れる。五分通り火が通ったらかぶの葉を加えていっしょにゆで、ざるに上げる。
3 水けをよくきってボウルに入れ、Aを加えてあえ、かつおぶしを加えてさっくりまぜる。

おすすめ健康食材

うれしいほどの低カロリーで、胃をいたわる消化酵素のおまけも

かぶも大根も水分たっぷりで低カロリー。食物繊維はそれほど期待できませんがかさがあるので低カロリーで満腹感が得られます。血圧の上昇を防ぐカリウムと消化酵素ジアスターゼも豊富です。葉は、抗酸化ビタミン、鉄、カルシウム、食物繊維の宝庫。鮮度が落ちやすいので新鮮なうちに使いましょう。

▼かぶ
▼大根

和洋の健康食材のコラボで
おいしさも効果も倍増!

納豆のイタリアンディップ

材料(2人分×2回)
ひき割り納豆……1パック(50g)
アンチョビー(フィレ)……3枚
にんにく……¼かけ
バジルの葉……2枚
A オリーブ油……大さじ2
　塩、こしょう……各少々
ハードロール(シャンピニオンなど)
……2個(100g)

作り方

1 アンチョビーは包丁でこまかくたたく。にんにくはみじん切りにする。バジルは手でちぎる。

2 納豆と1、Aをよくまぜる。

3 器に盛り、ハードロールを添える。

memo
冷蔵庫で2日はもつ。全粒粉やライ麦などの雑穀入りのパンやクラッカーを添えてもよく合う。

1人分
155 kcal
塩分 0.9g

おすすめ健康食材

▼納豆

納豆菌の働きで
大豆を超える
栄養と機能性成分が
たっぷり

納豆は大豆由来の栄養成分が納豆菌の働きで発酵して消化よく吸収されるうえ、抗酸化作用のあるビタミンB_2が増加します。さらに、ネバネバ成分が粘膜を守り、血液サラサラに。納豆菌が悪玉菌の増殖を抑え、免疫力の源である腸内環境を改善する働きもあります。まさに鬼に金棒の健康食材です。

“畑の肉”大豆の
栄養とボリュームが満点

納豆の袋詰め焼き

材料（2人分）

A | 納豆……1パック（50g）
　| しょうゆ……小さじ1

油揚げ……2枚
いり白ごま……大さじ½
ねぎ……½本
プロセスチーズ……40g
青じそ……2枚

作り方

1 油揚げははがれやすいように包丁の背などで軽くたたいてから長さを半分に切り、破かないように袋状に開く。

2 Aの納豆はしょうゆを加えてよくまぜる。

3 チーズは5㎜角に切り、ねぎは小口切りにする。

4 2と3、ごまをまぜ合わせ、油揚げに¼量ずつ詰め、楊子で口をとめる。

5 フライパンを熱して4を並べ、両面をこんがりと焼く。青じそを敷いた器に盛る。

さりげなく健康のもとをプラス。
コクアップで減塩効果も

いかとまぐろの刺し身・納豆おろし添え

材料（2人分）

A | ひき割り納豆……1パック（50g）
　| しょうゆ……小さじ1

まぐろの赤身（すきみ）……100g
いか（刺し身用）……80g
大根……150g
きゅうり……1本
わかめ（もどして）……50g

作り方

1 いかは細切りにする。

2 Aの納豆はしょうゆを加えてよくまぜる。

3 大根はすりおろして水けをきり、2に加えてさっとまぜる。

4 きゅうりは両面から互い違いに浅く切り目を入れ（蛇腹切り）、塩水（分量外）につけてしんなりしたら水けをしぼり、一口大に切る。わかめは食べやすく切る。

5 器にまぐろ、1、4を盛り、3を添える。

相性のいいトマトのうまみと甘みを添えて

ざくざくオクラ

材料（2人分）
オクラ……8本
トマト……½個
かつおぶし……適量
しょうゆ……大さじ½

作り方

1 オクラは塩少々（分量外）を振り、まないたの上で軽くころがして板ずりする。熱湯でさっとゆでて水にとり、1㎝幅の斜め切りにする。

2 トマトはくし形に切ってから横半分に切る。

3 器に1と2を盛り、かつおぶしを振り、しょうゆをかける。

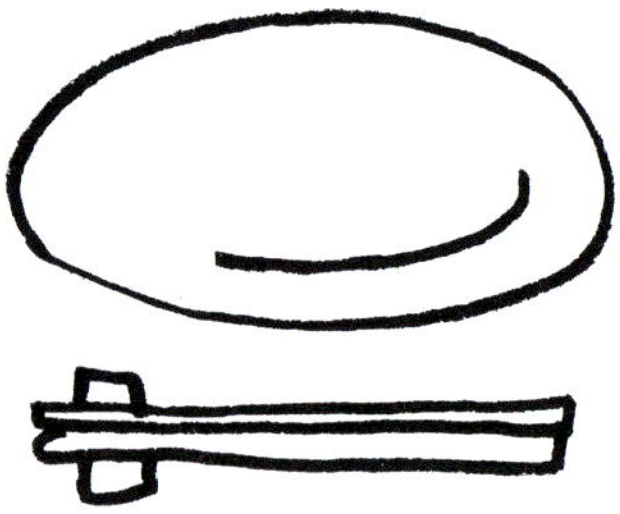

▼モロヘイヤ
▼オクラ

おすすめ健康食材

ビタミン満点！ 胃腸を守る食物繊維& ネバネバ成分の宝庫

モロヘイヤは、抗酸化ビタミンとビタミンB群が青菜でもトップクラス。カルシウムも豊富です。モロヘイヤ、オクラとも食物繊維がごぼう並みに多いうえ、水溶性食物繊維のペクチンやぬめり成分のムチンが含まれ、胃腸の粘膜を守り、腸内環境を改善する働きも期待できます。

アンチョビーの濃厚なコクと塩味で
水っぽさをカバーして

モロヘイヤのアンチョビーいため

材料（2人分）
モロヘイヤ……1束
アンチョビー（フィレ）……2枚
にんにく……½かけ
オリーブ油……小さじ2
塩、こしょう……各少々

作り方

1 モロヘイヤはかたい軸を除き、3㎝長さに切る。

2 アンチョビーは油をきってあらくほぐす。にんにくはみじん切りにする。

3 フライパンにオリーブ油と2を入れて火にかけ、香りが立ったら1を加えて手早くいためる。色が変わったら、塩とこしょうをで味をととのえる。

香りと歯ごたえを楽しむ夏の出会いの味

オクラとたことみょうがの酢の物

材料（2人分）
オクラ……1パック（60g）
みょうが……1個
ゆでだこ……50g
A 酢……大さじ1
A 塩……小さじ⅙
A だし……大さじ1

作り方

1 オクラは塩少々（分量外）を振って板ずりし、熱湯でゆでて水にとり、1㎝幅のぶつ切りにする。

2 みょうがは斜め薄切りにして水にさらし、水けをきる。たこは薄いそぎ切りにする。

3 ボウルにAを入れ、1と2を加えてあえる。

モロヘイヤの
アンチョビーいため

1人分
66 kcal
塩分 0.5g

ざくざくオクラ

1人分
22 kcal
塩分 0.7g

オクラとたことみょうがの酢の物

1人分
37 kcal
塩分 0.6g

焼いた香ばしさを友に
大地の甘みを味わいましょう

あぶり 里いもと そら豆

材料（2人分）
里いも……4個
そら豆（さやつき）……4本
塩……小さじ2/5

作り方

1 里いもは皮をよく洗い、ひとつずつラップに包んで電子レンジで4～5分加熱する。竹ぐしが通るようになったら、上部の皮をむく。

2 そら豆はさやごと洗って水けをふく。

3 グリル（またはオーブントースター）の焼き網を熱し、里いもとそら豆をのせて焼く。里いもは焼き色がつくまで、そら豆は竹ぐしが通るまで火を通す。

4 器に盛り、塩を添える。

1人分
83 kcal
塩分 1.0g

おすすめ健康食材

▼里いも ▼長いも

消化と代謝を助ける成分がいっぱい。いもの割に低カロリー

里いもは、いもの中で最も低カロリー。さつまいもの半分以下です。でも、食物繊維はさつまいもと同じくらい多く、高血圧予防に役立つカリウム、胃腸を守るぬめり成分も豊富。長いもは山いもの中で最も水分が多く、低カロリー。でんぷん消化酵素に加えて、糖質の代謝を助けるビタミンB_1も多いので糖質の多いお酒の最上の友といえます。

作りおきおつまみにも
おすすめ

長いもの
ゆずしょうゆ漬け

材料（2人分）
長いも……200g
A
- ゆずの皮……少々
- みりん……大さじ1
- しょうゆ……大さじ1
- 酢……大さじ1

一味とうがらし……適量

作り方
1. 長いもは皮をむいて1㎝角の拍子木切りにする。
2. Aのゆずの皮はせん切りにし、残りのAと合わせる。長いもを加えてあえ、少しおいて味をなじませる。
3. 器に盛り、一味とうがらしを振る。

memo
冷蔵庫で3～4日はもつ。保存は、酢に強いガラスかホウロウの容器で。

1人分
97 kcal
塩分 1.3g

ダイエット中なら
〆の一杯にもおすすめ

長いもの
そうめん風

材料（2人分）
長いも……200g
青じそ……5枚
梅干し……½個
A
- だし……1カップ
- しょうゆ……小さじ½
- みりん……大さじ½
- 塩……小さじ¼弱

作り方
1. 長いもは10㎝くらいの長さに切り、皮をむいてから縦にせん切りにする。
2. 青じそはせん切りにし、水にさらして水けをきる。梅干しは手でちぎる。
3. なべにAを入れて煮立て、冷ます。
4. 器に長いもを盛って青じそと梅干しをのせ、3を注ぐ。

memo
長いもはスライサーで切るときれいにそろう。好みでわさびを添えてもおいしい。

1人分
80 kcal
塩分 1.3g

酢を加えると歯ごたえシャキシャキ

れんこんの酢入りきんぴら

材料（2人分）

れんこん……150g

しいたけ……2個

ごま油……大さじ1

A

- しょうゆ……大さじ1
- みりん……大さじ1
- 酢……小さじ2
- 赤とうがらしの小口切り……$\frac{1}{2}$本分

作り方

1 れんこんは薄い輪切りにする。しいたけは軸を切り落として薄切りにする。

2 フライパンにごま油を熱し、れんこんをいためる。透き通ってきたらしいたけを加えていため合わせ、しいたけに火が通ったらAを加えてからめる。

1人分
136 kcal
塩分 1.4g

おすすめ健康食材

▼ごぼう ▼れんこん

食物繊維はもちろん、地中に蓄えたミネラルとタンニンがたっぷり

ごぼうは食物繊維の宝庫。血糖値を下げるとされるイヌリンなどの水溶性食物繊維も豊富です。れんこんはビタミンCがキャベツ並みに多く、食物繊維と胃腸を守るぬめり成分もたっぷり。さらにカリウム、カルシウム、マグネシウム、亜鉛、鉄、銅など現代人に不足しがちなミネラルが勢ぞろい。アク成分には抗酸化物質のタンニンも含まれています。根菜ならではの風味と歯ごたえはこうした成分の贈り物です。

手作りのバジルペーストで
超一級のおいしさ

れんこんのバジルマリネ

1人分
72 kcal
塩分 0.5g

材料(2人分×2回)
れんこん……1節(200g)
バジルペースト(下記参照)……小さじ2
オリーブ油……大さじ1
塩……少々

作り方

1 れんこんは厚めのいちょう切りにし、水にさらす。
2 ボウルにバジルペーストとオリーブ油を入れてまぜる。
3 れんこんを熱湯でさっとゆで、ざるに上げて水けをきる。熱いうちに2に加えてあえ、塩で味をととのえて1時間ほどおき、味をなじませる。

バジルペースト

●材料(約⅔カップ分)
バジルの葉……50g
にんにく……1かけ
オリーブ油……½カップ
塩……小さじ2

●作り方
すべての材料をバーミックス(またはミキサー)でなめらかになるまで撹拌する。
[MEMO]密閉容器に入れて冷蔵庫で1~2週間もつ。冷凍してもよい。その場合はシャーベット状になるので、必要な分をすくいとって使う。

全量で854kcal、塩分 9.9g

和洋のポリフェノールは
なぜか香りも相性ぴったり

ごぼうの赤ワイン煮

材料(2人分×2回)
ごぼう……1本
プルーン(ドライ)……12個
A 赤ワイン……½カップ
A しょうゆ……大さじ1⅓
A 砂糖……大さじ1

作り方

1 ごぼうはよく洗って泥を落とし、長めの乱切りにする。熱湯でさっとゆで、水けをきる。
2 なべにAを入れて煮立て、ごぼうとプルーンを加えて火を弱める。ごぼうに火が通り、汁けがほとんどなくなるまで煮る。

memo
冷蔵庫で4~5日はもつ。

1人分
117 kcal
塩分 0.9g

しょうがの香りをアクセントに

しいたけのしょうが風味煮

材料（2人分×2回）
しいたけ……8個
しょうが……½かけ
A しょうゆ……大さじ1
酒……大さじ½
砂糖……大さじ½
だし……½カップ

作り方
①しいたけは石づきを除いて縦半分に切る。しょうがは2～3㎜角に切る。
②なべにAとしょうがを入れて煮立て、しいたけを加えて再び煮立ったら火を弱め、汁けがほとんどなくなるまで煮る。

1人分
14kcal
塩分 0.7g

1人分
57kcal
塩分 1.0g

かつおのうまみをたっぷりまぶして

こんにゃくのおかか煮

材料（2人分×2回）
こんにゃく……1枚
サラダ油……大さじ1
赤とうがらしの小口切り……½本分
A しょうゆ……大さじ1.5
みりん……大さじ1.5
水……¼カップ
かつおぶし……1袋（5g）

作り方
①こんにゃくは下ゆでし、スプーンで一口大にちぎる。
②なべに入れて火にかけ、水分がとぶまでからいりする。サラダ油と赤とうがらしを加えていため、こんにゃくがプルンとしてきたらAを加える。汁けがほぼなくなるまで煮て器に盛り、かつおぶしを振る。

バルサミコのコクと香りがきく

きのこのバルサミコマリネ

材料（2人分×2回）
エリンギ……1パック
しめじ……1パック
マッシュルーム……1パック
玉ねぎ……¼個
オリーブ油……大さじ1.5
A バルサミコ酢……大さじ2
塩……小さじ½
こしょう……少々
パセリのみじん切り……適量

作り方
①エリンギは長さを半分に切ってから縦に薄切りにする。しめじは石づきを除いてほぐす。マッシュルームは石づきを除いて縦半分に切る。玉ねぎは薄切りにする。
②フライパンにオリーブ油を熱して玉ねぎをいため、しんなりしたらきのこを加えていため合わせる。きのこがしんなりしたら、Aを加えて味をからめる。
③器に盛り、パセリを振る。

1人分
62kcal
塩分 0.6g

おすすめ健康食材

▼こんにゃく
▼きのこ

食べすぎ・飲みすぎのセーブにおすすめ

どちらもゼロに近い低カロリーで食物繊維を含むので満腹感が得られ、食べすぎ・飲みすぎを防ぐには最適です。
きのこにはさまざまな機能性成分があり、腸内環境の改善にも貢献します。
ただし、うまみやコクが乏しい食材だけに、調味料の使いすぎに注意しましょう。

1人分
41kcal
塩分 0.6g

長いものネバネバも加えて胃腸にもよい一品

もずくの山かけ

材料（2人分）
- 生もずく……150g
- 長いも……100g
- A しょうゆ……小さじ1
- A 酢……大さじ1
- A だし……大さじ2
- わさび……適量

作り方
①もずくはさっと洗い、ざるに上げて水けをきり、食べやすく切る。
②長いもは包丁の背でたたいてからあらみじんに切る。
③器に①を盛って②をのせ、Aをまぜ合わせてかけ、わさびを添える。

作りおきおつまみにもおすすめ

ひじきの中国風煮物

1人分
88kcal
塩分 1.9g

材料（2人分×2回）
- 生ひじき……300g
- 豚ひき肉（赤身）……50g
- ねぎ……⅓本
- にんにく……½かけ
- ごま油……大さじ1
- A 水……1カップ
- A しょうゆ……大さじ2
- A 酒……大さじ1
- A 砂糖……大さじ1
- A 豆板醤……小さじ1
- 万能ねぎ……2本

作り方
①ひじきは洗ってざるに上げ、水けをきる。ねぎとにんにくはみじん切りにする。
②なべにごま油とにんにくを熱し、香りが立ったらひき肉を加えていためる。肉の色が変わったら、ねぎ、ひじきを順に加えていためる。全体につやが出たらAを加え、汁けがなくなるまで煮る。
③器に盛り、万能ねぎを小口切りにして散らす。

1人分
74kcal
塩分 0.9g

はるさめの10分の1のカロリーで
食物繊維たっぷり

寒天のはるさめサラダ風

memo
寒天はもどしすぎると歯ごたえがなくなるので、気をつけて。

材料（2人分）
- 棒寒天……½本
- きゅうり……½本
- A 卵……1個
- A 塩……少々
- サラダ油……小さじ½
- B 酢……大さじ1
- B ごま油……小さじ1
- B 砂糖……小さじ½
- B しょうゆ……少々
- B 塩……小さじ¼

作り方
①寒天は水に10〜15分つけてもどし、手でちぎる。
②きゅうりは縦4等分に切ってから斜め薄切りにし、塩少々（分量外）を振り、しんなりしたら洗って水けをしぼる。
③フライパンにサラダ油を熱し、Aをまぜ合わせて流し入れ、数本の菜箸でまぜてこまかいいり卵を作る。
④ボウルにBを入れてまぜ、①〜③を加えてあえる。

おすすめ健康食材

▼ひじき ▼もずく ▼寒天

限りなくゼロカロリーに近く、ミネラル&機能性成分がたっぷり

海草に含まれる食物繊維の大半は、アルギン酸やフコイダンなど血圧やコレステロールの低下作用が期待される水溶性食物繊維。胃腸を守るヌルヌル成分も豊富です。また、太陽光を浴び、海水中のミネラルを吸って成長するだけに、カロテンもミネラルもたっぷり。この3品は手軽に使えるのも魅力。酒席の常連に加えてください。

低脂肪&低カロリーで安心
肉のおつまみ

肉は、お酒に呑まれないために欠かせない良性たんぱく質の宝庫です。代謝を助けるビタミンB群も豊富に含まれています。でも、脂肪たっぷりの肉では効果半減どころか逆効果。脂肪のコクがなくても満足できる、とっておきのメニューをご紹介します。

豚肉のビタミンB群に
キムチのにんにく&とうがらしで
エネルギー代謝も満点!

豚肉とゴーヤーのキムチいため

材料(2人分)

豚もも薄切り肉……100g

A
- 塩……少々
- 酒……小さじ1

ゴーヤー……½本

B
- 卵……1個
- 塩……少々

白菜キムチ……40g

サラダ油……大さじ1

C
- しょうゆ……小さじ1
- 酒……大さじ½

作り方

1 豚肉は一口大に切り、Aをからめる。キムチは食べやすく切る。

2 ゴーヤーは縦半分に切ってスプーンで種とわたを除き、斜め薄切りにする。

3 Bの卵は割りほぐし、塩を加えてまぜる。フライパンにサラダ油の半量を熱して卵液を流し入れ、大きくまぜて半熟状にいり、とり出す。

4 フライパンに残りのサラダ油を熱し、豚肉を広げていため、肉の色が変わったらゴーヤーを加えていためる。

5 ゴーヤーがしんなりしたらキムチと3を加えていため合わせ、Cを加えてからめる。

1人分
213kcal
塩分1.5g

低脂肪で栄養価が高いレバーに砂肝の歯ごたえのよさを添えて

砂肝とレバーのハーブマリネ

材料（2人分×2回）
砂肝……150g
鶏レバー……150g
ローリエ……1枚
A
- オリーブ油……¼カップ
- 白ワイン……大さじ1
- 塩……小さじ⅔
- にんにく……¼かけ
- バジルの葉……2〜3枚
- ポアブルロゼ……10粒

作り方

1 砂肝はかたい部分を除いて食べやすく切る。レバーは流水で血抜きをし、食べやすく切る。

2 Aのにんにくはみじん切りにし、バジルはちぎり、残りのAとまぜる。

3 なべに湯を沸かし、ローリエを加えて1を入れ、沸騰したら火を弱めてアクをすくい、10分ほどゆでる。水けをきって熱いうちに2のハーブオイルに漬け、味がなじむまで1〜2時間おく。

4 器に盛り、あればチャービルを添える。

memo
3のゆで湯にローリエのほか、あればセロリの葉やねぎの青い部分を加えるとよい。

1人分
98kcal
塩分 0.4g

牛肉の赤身もそぼろにすれば
かたさが気になりません

牛ひきとじゃがいものカレーいため

1人分
237 kcal
塩分 1.2g

材料(2人分)

- 牛ひき肉(赤身)……100g
- じゃがいも……大1個
- 玉ねぎ……¼個
- サラダ油……大さじ1
- A
  - カレー粉……小さじ½
  - トマトケチャップ……小さじ2
  - 白ワイン……大さじ½
  - 塩……小さじ⅓
  - こしょう……少々
- パセリ……適量

作り方

1 じゃがいもは皮つきのまま5㎜角の棒状に切り、水にさらしてアクを抜き、ざるに上げて水けをきる。玉ねぎは薄切りにする。Aはまぜ合わせる。

2 フライパンにサラダ油を熱してひき肉を入れ、ほぐしながらいためる。色が変わってポロポロになったら、じゃがいもと玉ねぎを加えていため合わせる。

3 じゃがいもが透き通って玉ねぎがしんなりしたらAを加え、全体に味がなじむまでいため合わせる。

4 器に盛り、パセリを手でちぎって散らす。

余分な脂肪を落として香ばしさ&風味をプラス

鶏肉のカリカリ焼き・ゆずこしょう風味

1人分
152kcal
塩分 1.0g

材料(2人分)
- 鶏もも肉(皮なし)……1枚
- A
  - ゆずこしょう……小さじ1
  - しょうゆ……小さじ½
  - 酒……大さじ1
  - サラダ油……小さじ1
- レタス……1枚
- きゅうり……½本

作り方

1 鶏肉は余分な脂肪を除き、縦半分に切る。バットなどにAをまぜ合わせて鶏肉を漬け、ときどき返しながら10分おいて味をなじませる。

2 レタスときゅうりはせん切りにし、冷水にさらしてパリッとさせ、ざるに上げて水けをきる。

3 フライパンを熱し、鶏肉を汁けをきって入れ、両面に焼き色をつける。ふたをして火を弱めて中まで火を通し、ふたをとって火を強め、香ばしく焼き上げる。

4 あら熱がとれたら食べやすく切り、2を敷いた器に盛る。

memo
焼きたてをすぐに切るとおいしい肉汁が流れ出てしまうので、手でさわれるくらいまで冷ましてから切るとよい。

低カロリーでもエスニック風味で大満足！

魚介のおつまみ

魚介類の脂が体によいといっても
エネルギーはほかの脂肪と同じ。
とりすぎれば高血糖や肥満を招くことは道理です。
血糖値や体重が気になるときに選びたいのは
低脂肪&高たんぱく質のいかやえび、
青背魚なら脂肪がさばの2〜3割のあじです。
そんな優良食材も、揚げ物で
ガシガシ食べたのでは元も子もありません。
香味野菜をたっぷり使い、おいしさを演出しましょう。

1人分
173 kcal
塩分 1.5g

いかのガーリックいため

1人分
241kcal
塩分 0.9g
あじの薬味ピカタ

1人分
136kcal
塩分 1.9g
えびの香菜あえ

殻つきの華やかさとボリューム感がうれしい

えびの香菜あえ

材料（2人分）

えび（殻つき）……200g

A
- 塩……少々
- 酒……小さじ1

にんにくのみじん切り……¼かけ分

しょうがのみじん切り……½かけ分

赤とうがらしの小口切り……½本分

B
- ナンプラー……小さじ2
- 酒……小さじ1
- 砂糖……小さじ⅔
- 塩……少々

サラダ油……小さじ2

香菜……1株

作り方

1 えびは足を除いて背に切り目を入れ、背わたを除き、Aを振る。

2 フライパンにサラダ油、にんにく、しょうが、赤とうがらしを入れて弱火にかける。香りが立ったら強火にし、えびを加えていためる。えびの色が変わったらBを加え、汁けをとばすようにいためる。

3 火を止め、香菜を1.5cm長さに切って加え、さっとあえて器に盛る。

皮つき、足つきだから
かみごたえも満点

いかのガーリックいため

材料（2人分）

するめいか……1ぱい

にんにく……¼かけ

赤とうがらし……½本

バジルの葉……2〜3枚

オリーブ油……大さじ1

白ワイン……大さじ1

塩……小さじ⅕

こしょう……少々

作り方

1 いかは足を抜き、腹わたを除く。胴は中まできれいに洗って皮をむき、輪切りにする。足は吸盤をこそげ、切り分ける。

2 にんにくはみじん切りにし、赤とうがらしは小口切りにする。バジルは手でちぎる。

3 フライパンにオリーブ油とにんにく、赤とうがらしを入れて弱火にかけ、香りが立ったら火を強めていかを加えていためる。いかの色が変わり始めたらバジルを加え、白ワインを振って塩とこしょうで調味し、手早くいため上げる。

しょうがの風味をきかせた
大人の味です

あじの薬味ピカタ

材料（2人分）

あじ……2尾

A
- 酒……大さじ1
- 塩……少々
- おろししょうが……¼かけ分

卵……1個

B
- 塩……少々
- 万能ねぎの小口切り……2本分
- おろししょうが……½かけ分

小麦粉……大さじ1

サラダ油……大さじ1

作り方

1 あじは三枚におろして皮を除き、2等分のそぎ切りにする。Aをからめて下味をつける。

2 ボウルに卵を割りほぐし、Bを加えてまぜる。

3 あじの水けをふき、小麦粉を薄くまぶす。

4 フライパンにサラダ油を熱してあじを並べ入れ、両面を軽く焼く。色が変わったら2の卵液にくぐらせて両面を焼き、これをもう一度くり返して焼き上げる。

しまった！というときの超低カロリーおつまみ

注意していたはずなのに……体重増加に気づいたら
超低カロリーの野菜のおつまみから始めましょう。
血糖値の上昇がゆるやかで、血圧の上昇を防ぐカリウムもたっぷり。
かむ回数が多いので、飲むペースも自然にゆっくり。
夜遅く、少しだけ飲みたい……などというときにもおすすめです。

1人分
83 kcal
塩分 1.2g

生野菜のみそディップ

材料(2人分)
キャベツ……200g
きゅうり……1本
みそディップ(下記参照)
……大さじ2

作り方
①キャベツはくし形に切り、きゅうりは細長い乱切りにする。器に盛り、みそディップを添える。

みそディップ

●材料(約大さじ6杯分)
米みそ(赤)……50g
酒……大さじ1⅔
砂糖……50g
豆板醤……小さじ1

●作り方
なべにすべての材料を入れて弱火にかけ、ゴムべらなどで底からまぜながら練る。つやが出てぽってりとするまで煮詰め、冷ます。

[MEMO]冷蔵庫で1週間以上もつ。冷凍してもよい。

1人分
39 kcal
塩分 0.4g

きゅうりとセロリのごま酢

材料(2人分)
きゅうり……1本
セロリ……⅓本
A
ごま油……大さじ½
酢……大さじ1
塩、こしょう……各少々

作り方
①きゅうりは7㎜厚さの斜め切りにしてから細切りにする。セロリは短冊切りにする。それぞれ塩少々(分量外)を振り、しんなりしたら洗って水けをしぼる。
②ボウルにAを入れてまぜ、①を加えてあえる。

1人分
35 kcal
塩分 0.5g

しゃきしゃきレタス

材料(2人分)
レタス……3枚
もやし……⅓袋
万能ねぎの小口切り……適量
A
豆板醤……小さじ¼
しょうゆ……少々
塩……少々
ごま油……小さじ1
酢……小さじ½

作り方
①レタスは一口大にちぎって塩少々(分量外)を振り、しんなりしたら洗って水けをしぼる。
②もやしはできればひげ根を除き、熱湯でさっとゆで、ざるに上げて冷ます。
③ボウルにAを入れてまぜ、①と②、万能ねぎを加えてあえる。

1人分
17kcal
塩分 1.1g

きゅうりの梅たたき

材料(2人分)
きゅうり……1.5本
みょうが……1個
梅干し……1個
A しょうゆ……小さじ½
　みりん……小さじ½

作り方
①きゅうりは塩少々(分量外)を振って板ずりし、包丁の柄でたたいてひびを入れ、手で一口大に割る。
②みょうがは縦半分に切ってから薄切りにする。
③梅干しは果肉をあらくちぎってAとまぜ合わせ、①と②をあえる。

青じそ入りオニオンスライス

材料(2人分)
玉ねぎ……½個
青じそ……3枚
A しょうゆ……大さじ½
　酢……大さじ1
　砂糖……少々
かつおぶし……適量

作り方
①玉ねぎは薄切りにし、塩少々(分量外)でもんで洗い、水にさらしてシャキッとさせる。
②青じそはせん切りにする。
③玉ねぎの水けをきって青じそをまぜ、器に盛る。Aをまぜ合わせてかけ、かつおぶしを振る。

1人分
25kcal
塩分 0.7g

1人分
42kcal
塩分 0.7g

レンジなすのしょうが酢

材料(2人分)
なす……2個
しょうが……½かけ
A しょうゆ……大さじ½
　酢……大さじ½
　ごま油……小さじ1
万能ねぎの小口切り……大さじ1

作り方
①なすはへたのつけ根にぐるりと切り目を入れ、ラップに包んで電子レンジで3分加熱し、冷水にとる。縦半分に切ってから1㎝厚さの斜め切りにし、冷蔵庫で冷やす。
②しょうがはすりおろしてAとまぜ合わせる。
③器に①を盛り、②をかけて万能ねぎを散らす。

ゴーヤーのおひたし

1人分
18kcal
塩分 0.7g

材料(2人分×2回)
ゴーヤー……1本
しょうゆ……大さじ1
かつおぶし……1袋(5g)

作り方
①ゴーヤーは縦半分に切ってスプーンで種とわたを除き、斜め薄切りにする。
②熱湯でさっとゆで、ざるに上げて水けをきる。
③しょうゆとかつおぶしであえ、器に盛る。

根三つ葉のわさびのりびたし

1人分
15kcal
塩分 0.7g

材料(2人分)
根三つ葉……½束
A だし……大さじ1
A しょうゆ……大さじ½
A わさび……適量
刻みのり……適量

作り方
①根三つ葉は塩少々(分量外)を加えた熱湯で色よくゆで、水にとって水けをしぼり、3cm長さに切る。
②Aをまぜ合わせて根三つ葉をあえ、器に盛って刻みのりをのせる。

白菜のコールスロー

1人分
104kcal
塩分 0.6g

材料(2人分×2回)
白菜……4枚
玉ねぎ……20g
りんご……¼個
A 酢……大さじ1
A サラダ油……大さじ1
A 塩……小さじ¼
A 砂糖……少々
A こしょう……少々
パセリのみじん切り……適量

memo
おつまみに果物を使いたくない場合は、りんごのかわりにラディッシュなどをせん切りにして加えると、アクセントになる。

作り方
①白菜は4cm長さに切ってからせん切りにし、塩少々(分量外)を振る。しんなりしたら洗って水けをしぼる。玉ねぎは薄切りにし、塩少々(分量外)を振る。しんなりしたら洗って水けをしぼる。
②りんごは皮つきのままぜん切りにし、塩水(分量外)につけて色止めをし、水けをきる。
③Aをまぜ合わせて①と②をあえ、器に盛ってパセリを振る。

ふきの青煮

材料（2人分×3回）
ふき……1束（250g）
A
だし……1カップ
みりん……大さじ1
しょうゆ……少々
塩……小さじ⅔
赤とうがらしの小口切り……½本分

memo
調味液にひたしたまま冷蔵庫で保存すれば、2～3日はもつ。

作り方
①ふきは塩少々（分量外）を振って板ずりし、熱湯で色よくゆで、水にとって冷ます。皮をむいて3cm長さに切る。
②なべにAを入れて赤とうがらしを加え、火にかける。煮立ち始めたら火から下ろし、あら熱をとる。
③ふきを加えて火にかけずに20～30分おき、味をなじませる。

1人分
13 kcal
塩分 0.7g

セロリとマッシュルームのスープ煮

材料（2人分）
セロリ……1本
セロリの葉……適量
ブラウンマッシュルーム……5個
A
水……1カップ
顆粒コンソメ……小さじ1
塩……小さじ⅕
こしょう……少々

作り方
①セロリは1cm厚さの斜め切りにする。セロリの葉は手でちぎる。マッシュルームは石づきを除いて縦半分に切る。
②なべにAを入れて煮立て、セロリとマッシュルームを加えて煮る。火が通ったら、セロリの葉を加えてさっと煮る。

1人分
15 kcal
塩分 1.2g

memo
マッシュルームのかわりに、しいたけ、エリンギ、しめじでもよい。

わかめとなめこの当座煮

材料（2人分）
わかめ（もどして）……50g
なめこ……½袋
しょうが……½かけ
A
だし……½カップ
しょうゆ……大さじ½
みりん……大さじ1

memo
冷たく冷やしてもおいしいので、倍量のなめこ1袋分を作って残りは冷蔵庫に。3日はもつ。冷凍保存もできる。

作り方
①わかめは一口大に切る。しょうがはせん切りにする。
②なべにAとしょうがを入れて煮立て、なめこを加えて2～3分煮る。わかめを加えてひと煮し、火を止める。

1人分
30 kcal
塩分 0.7g

やっぱり野菜が主役

竹内さんちのワインパーティ

ゴルフ仲間や友人たちと、あるいは
親族などが集まって
週末にはよくパーティを開きます。
ビールから始めて日本酒になり、
途中でワインが加わるのが定石ですが
料理はやはり、魚と肉料理は1品ずつ、
野菜料理は4～5品と、主役は野菜です。
パーティといっても、いつもと違うのは
ちょっとおしゃれな食材を使って
彩りや香りを
豊かに仕上げることくらい。
脂肪たっぷりの肉料理や揚げ物は出しません。
自分もお客様といっしょに
ゆっくり楽しめるよう
作りおきができる料理をメインにします。

肉料理も煮込みやオーブン料理にしておけば
温めるだけですむのでラクです。
できたてのアツアツを出すのは1品くらい。
ここではキャベツのいため物です。
あまり飲めない人がいれば
〆のごはんやめんは欠かせません。
子どもや女性が多いときは
デザートも用意します。70ページ以降で
ご紹介していますので、参考にしてください。

menu

たことほたて貝柱の
イタリアン刺し身

牛すね肉と
花野菜の煮込み

タイム風味のレンジピクルス

トマトとオリーブのマリネ

キャベツのケイパーいため

パプリカの
にんにくディップ

ハーブトースト
(作り方はすべて60～61ページ)

1人分
89kcal
塩分 0.9g

浅漬けオリーブの
フレッシュ感を生かして

トマトとオリーブのマリネ

材料（4人分）
トマト……小6〜7個
グリーンオリーブ（塩漬け）……12個
バジルの葉……5〜6枚
にんにく……⅓かけ
A オリーブ油……大さじ2
　塩……小さじ½
　こしょう……少々

作り方
1 トマトはくし形に切る。オリーブは汁けをきる。
2 バジルはあらみじんに切り、にんにくはみじん切りにし、Aとまぜ合わせる。1を加え、1時間ほどおいて味をなじませる。

memo
オリーブは浅漬けを選ぶと緑色が鮮やかで、歯ごたえがよく、フレッシュな食感が楽しめる。これも作りおきできる。1日おくとトマトの水けが出るが、冷たいパスタにマリネ液ごとかけてもおいしい。

1人分
14kcal
塩分 0.4g

甘すぎない&
酸っぱくない絶妙な味

タイム風味のレンジピクルス

材料（4人分）
きゅうり……1本
セロリ……1本
にんじん……¼本
A 酢……⅓カップ
　白ワイン……大さじ2
　水……¼カップ
　砂糖……大さじ1.5
　塩……小さじ1
　タイム（ドライ）……少々

作り方
1 きゅうりは細長い乱切りにする。セロリは筋を除いて乱切りにする。にんじんは拍子木切りにする。
2 耐熱ボウルにAを入れてラップをかけ、電子レンジで1分30秒加熱する。すぐににんじんを加えてラップをかけ、さらに30秒加熱する。
3 熱いうちにきゅうりとセロリを加え、そのまま冷まして味をなじませる。

memo
冷めれば食べられるが、日もちするので、前日に作っておくとラク。

1人分
86kcal
塩分 0.6g

手作りバジルペーストで
本場の味

たことほたて貝柱のイタリアン刺し身

材料（4人分）
ゆでだこ（刺し身用）……100g
ほたて貝柱（刺し身用）……100g
A バジルペースト（45ページ参照）……大さじ½
　オリーブ油……大さじ1
　塩……小さじ⅕

作り方
1 たことほたてはそぎ切りにする。器に盛り、冷蔵庫で冷やす。
2 Aをまぜ合わせ、食卓に出す直前に1にかける。

1人分
77kcal
塩分 0.7g

かみごたえがあって
男性にも人気です

キャベツのケイパーいため

材料（4人分）
キャベツ……小½個（400g）
玉ねぎ……¼個
にんにく……½かけ
サラダ油……大さじ1.5
A ケイパー……大さじ1
白ワイン……大さじ1
塩……小さじ½
こしょう……少々

作り方
1 キャベツは3㎝角に切る。玉ねぎは薄切りに、にんにくはみじん切りにする。
2 フライパンにサラダ油とにんにくを熱し、香りが立ったら火を強め、玉ねぎ、キャベツを順に加えていためる。
3 キャベツの色が変わったらAを加え、手早くいためる。

1人分
100kcal
塩分 0.4g

しっかりかむと
二日酔い予防にも

ハーブトースト

材料（4人分）
バゲット……100g
にんにく……½かけ
タイム、ローズマリー（ともにドライ）……各適量
オリーブ油……大さじ1

作り方
1 バゲットは薄切りにし、オーブントースターで軽く焼く。
2 1の片面ににんにくの切り口をこすりつけ、オリーブ油を薄く塗り、タイムとローズマリーを散らす。
3 再び色よく焼く。

1人分
396kcal
塩分 1.7g

赤身肉と手作りルウで
ヘルシーシチュー

牛すね肉と花野菜の煮込み

材料（4人分）
牛すねかたまり肉……400g
A 塩……小さじ½
こしょう……少々
カリフラワー……100g
ブロッコリー……100g
玉ねぎ……1個
エリンギ……1パック
にんにく……1かけ
サラダ油……大さじ1
赤ワイン……¼カップ
B トマトピュレ……大さじ3
中濃ソース……大さじ1.5
塩……小さじ⅓
こしょう……少々
C バター……大さじ1.5
小麦粉……大さじ1.5

作り方
1 牛肉は繊維を断ち切るように一口大に切り、Aを振る。
2 カリフラワーとブロッコリーは小房に分け、塩少々（分量外）を加えた熱湯でいっしょにゆで、水けをきる。
3 玉ねぎは薄めのくし形に切り、エリンギは長さを半分に切ってから縦に薄切りにする。にんにくはたたいてつぶす。
4 深なべにサラダ油とにんにくを入れて弱火にかけ、香りが立ったら中火にして牛肉を加え、ときどき返しながら表面に焼き色をつける。
5 赤ワインを加え、アルコールをとばしながら煮詰め、水分が半量になったらひたひたの水を加える。途中で肉が顔を出しそうになったら水を足しながら、肉がやわらかくなって竹ぐしがスッと通るまで2時間ほど煮込む。
6 玉ねぎとエリンギを加えてBで調味し、味がなじむまで20分ほど煮る。
7 Cはよくまぜ合わせて粉けがなくなったら、6の煮汁でのばしながら加え、とろみがついたら2を加えてさっと煮る。

1人分
44kcal
塩分 0.5g

にんにく臭がないのに
独特の風味にひきつけられる

パプリカのにんにくディップ

●にんにくディップ
材料（4人分×2回）
にんにく……125g
A 顆粒コンソメ……小さじ⅔
塩……小さじ⅔
オリーブ油……大さじ1
●添える野菜
材料（4人分）
パプリカ（赤・黄色）……各½個

作り方
1 にんにくは1かけずつほぐして薄皮をむき、耐熱ボウルに入れてラップをかけ、電子レンジで3分ほど加熱する。
2 熱いうちにフォーク（またはマッシャー）でつぶし、Aを加えてよくまぜる。
3 パプリカはへたと種を除き、縦に1㎝幅に切る。器に2色を盛り合わせ、2のにんにくディップの半量を添え、あればチャービルを飾る。

memo
にんにくディップは密閉容器に入れて冷蔵庫で2週間近くもつ。冷凍してもよい。いため物の香味野菜として使っても。

ヘルシー&おしゃれなパーティおつまみ

「あら！ すてき」「ほう！ うまそうだ」 そんな声が上がるポイントは彩り豊かに、香り高く、形や食感のメリハリをきかせることです。野菜たっぷり、食材の持ち味を生かした脂肪控えめのヘルシーおつまみならではの技をご覧ください。

イクラに下味をつける
ひと手間で色鮮やかに

三色あえ

1人分
56kcal
塩分 0.8g

材料（4人分）
きゅうり……1本
長いも……100g
塩……少々
イクラ……50g
A しょうゆ……小さじ1
A だし……大さじ1
B だし……¼カップ
B 塩……少々
B 薄口しょうゆ……小さじ½

作り方

1 イクラはAであえ、2〜3時間おいて味をなじませる。

2 きゅうりは4つ割りにしてスプーンで種をこそげ、4〜5㎜角に切る。長いもも同じ大きさの角切りにし、ともに塩を振る。

3 ボウルにBを入れ、1と2を加えてあえる。

初夏の香りを封じ込めます

枝豆のひたし豆

1人分
50kcal
塩分 0.5g

材料（4人分）
枝豆（さやつき）……200g
A だし……1カップ
A みりん……大さじ1
A しょうゆ……小さじ1
A 塩……少々

作り方

1 枝豆は塩少々（分量外）を加えた熱湯でゆで、ざるに上げて水けをきり、あおいで手早く冷ます。

2 なべにAを入れて煮立て、あら熱がとれたら1をひたし、冷ます。

オープニングは鮮やかな色が食欲をそそる 野菜のオードブル

彩りのポイントは赤。赤があればこそ、フレッシュな緑もみずみずしい白も映えます。動物性食品や香辛料、ハーブなどの力も借りましょう。ただし控えめに……が、おしゃれな食卓のコツです。

食卓に地中海の香りを運び込んで

カポナータ

1人分
94kcal
塩分 0.8g

材料（4人分）

なす……2個
ズッキーニ……小1本
パプリカ（赤・黄色）……各½個
にんにく……½かけ
塩……小さじ½
A
トマト缶……200g
白ワイン……大さじ1
ローリエ……½枚
砂糖……少々
顆粒コンソメ……小さじ½
オリーブ油……大さじ2

作り方

1 野菜はすべて1㎝角に切る。なすとズッキーニは塩少々（分量外）を振り、しばらくおいて水けをふく。

2 にんにくはみじん切りにし、Aのトマトは種を除く。

3 なべにオリーブ油とにんにくを熱し、香りが立ったら1を加えていためる。つやが出たら塩を振り、Aを加えて煮立ったら火を弱め、汁けがなくなるまで煮る。

のりとしょうゆの香りが引き締めます

かぼちゃののり巻き

1人分
69kcal
塩分 0.4g

材料（4人分）

かぼちゃ……200g
焼きのり……½枚
サラダ油……大さじ½
A
しょうゆ……小さじ2
みりん……小さじ2

作り方

1 かぼちゃは薄いくし形に切り、ラップに包んで電子レンジで3～4分加熱する。

2 のりは2㎝幅に切り、かぼちゃに巻く。

3 フライパンにサラダ油を熱して2を並べ、両面を軽く焼き、Aをからめて香ばしく焼く。

オイルレスなのにフレンチの味わい

ねぎのブレゼ

1人分
23kcal
塩分 0.6g

材料（4人分）

ねぎ（下仁田ねぎなど太いもの）……2本
A
水……⅓カップ
白ワイン……¼カップ
塩……小さじ½
粒こしょう（黒・赤）……各少々
ローリエ……1枚

作り方

1 ねぎはなべの長さに切ってなべに並べ、Aを加えて火にかける。煮立ったら火を弱め、やわらかくなるまで煮る。

2 汁けをきって食べやすく切り、器に盛る。

いもが苦手な男性にも人気の一品

ブルーチーズ入りポテトサラダ

1人分
175kcal
塩分 0.7g

材料（4人分）

じゃがいも……3個
玉ねぎ……30g
きゅうり……½本
ブルーチーズ……30g
A
酢……小さじ2
サラダ油……大さじ1.5
塩……小さじ¼
砂糖……小さじ⅔
マヨネーズ……大さじ2
粒黒こしょう、ミントの葉……各適量

作り方

1 じゃがいもは小さめに切り、水にさらしてアクを抜く。

2 玉ねぎは薄切りに、きゅうりは小口切りにする。それぞれ塩少々（分量外）を振り、しんなりしたら洗って水けをしぼる。

3 チーズはこまかくほぐし、Aとまぜ合わせる。

4 なべにじゃがいもとひたひたの水、塩少々（分量外）を入れてゆで、火が通ったらゆで汁を捨てて粉ふきにする。熱いうちに3に加えてあえ、あら熱がとれたら2とマヨネーズを加えてあえる。

5 器に盛り、粒こしょうを刻んで散らし、ミントを飾る。

ボリューム満点！
でも、カロリー控えめ

煮込み料理

煮込み料理は、前もって作りおきができて
温めれば即、登場させられる安心メニュー。
とり分けやすいようポーションは大きめに、
煮汁をたっぷり添えなくても食べられるよう
しっかり味をなじませるのがポイントです。

1人分
104kcal
塩分 1.7g

たこと大根の
やわらか煮

唐揚げを卒業したい
大人のためのチキンです

ドラムスティックのアラビアータ

材料（4人分）
鶏手羽元（ドラムスティック）……600g
A 塩……小さじ3/5
A こしょう……少々
玉ねぎ……1/2個
にんにく……1かけ
オリーブ油……大さじ1.5
白ワイン……大さじ2
トマト缶……1缶
赤とうがらし……1本
B 砂糖……小さじ1/2
B 塩……小さじ1/2
B こしょう……少々

作り方

1 手羽元はAをまぶしてしばらくおく。

2 玉ねぎとにんにくはみじん切りにする。トマトは種を除く。赤とうがらしは長さを半分に切って種を除く。

3 なべにオリーブ油とにんにくを入れて弱火にかけ、香りが立ったら手羽先を加え、転がしながら表面に焼き色をつける。

4 玉ねぎを加えてしんなりするまでいため、白ワインを加えてふたをし、3〜4分蒸し煮にする。

5 トマトと赤とうがらし、水1/2カップ、Bを加え、煮立ったらアクをすくい、肉が骨から離れるまで弱火で25〜30分煮る。

メタボが気になるかたに
安心グルメの贈り物

たこと大根のやわらか煮

材料（4人分）
ゆでだこ……200g
大根……400g
だし……1.5カップ
A しょうゆ……大さじ2
A 酒……大さじ2
A 砂糖……大さじ2
大根の葉……50g
ゆずの皮……適量

作り方

1 たこはぶつ切りにする。

2 大根は5㎝長さに切ってから縦8〜10等分に切る。なべに水から入れて表面が透明になるまでゆで、ざるに上げる。

3 なべにだしとたこを入れ、煮立ったら弱火で30分ほど煮る。たこに竹ぐしが通るようになったら大根を加え、さらに15〜20分煮る。

4 大根に竹ぐしが通るようになったらAを加え、味がしみ込むまで10〜15分煮る。

5 大根の葉は熱湯でゆでて水にとり、水けをしぼって3㎝長さに切る。

6 器に4を盛って5を添え、ゆずの皮をせん切りにして天盛りにする。

memo
やわらかく煮えたら、火を止めて冷めるまでおくと味がよくしみるので、時間にゆとりをもって、早めに煮ておくとよい。前日に作ってもOK。

ドラムスティックの
アラビアータ

1人分
322kcal
塩分 1.6g

パーティの進行を ゆるやかにする 調整役にもおすすめ

おつまみになる なべ物

いろいろな食材が一堂に会するなべ物は
手間いらずで栄養のバランスがよく
二人の宴の常連ですが、パーティにも意外に重宝です。
飲む手を休めなければならないので、ピッチの調整役に。
そして、あまり飲めない人にとっては絶好の憩いの場⁉
みんなの飲み方、食べ方に応じて
どのタイミングで出すかも、腕の見せどころです。

赤ワインの香りを楽しみながら
野菜もたっぷりいただきます!

レタスワインしゃぶしゃぶ

材料（4人分）
牛もも薄切り肉（しゃぶしゃぶ用）……300g
レタス……1個
玉ねぎ……1個
ミニトマト……12個
ルッコラ……1袋
A
- 赤ワイン……2/3カップ
- だし……4カップ
- しょうゆ……2/3カップ
- みりん……2/3カップ

作り方

1 牛肉は大きければ食べやすく切る。レタスは手でちぎり、玉ねぎは薄切りにする。ミニトマトはへたを除き、ルッコラは根元を切り落とす。

2 卓上なべにAを入れて煮立て、1を入れてさっと火を通し、レタスに牛肉やほかの野菜をのせて巻くようにして食べる。

1人分
253kcal
塩分 2.0g

手作りならではのおいしさに話題集中

きのこ入りいわしのつみれなべ

材料（4人分）

いわし……4尾

A
- おろししょうが……1かけ分
- 塩……小さじ¼
- 酒……大さじ1
- かたくり粉……大さじ1

ごぼう……1本

白菜……2枚

せり……1束

ねぎ……2本

えのきだけ……1袋

なめこ……1袋

B
- だし……6カップ
- 薄口しょうゆ……大さじ2
- みりん……大さじ2
- 塩……小さじ⅓

1人分
202kcal
塩分 2.6g

作り方

1 いわしは手開きにして頭とはらわたを除き、きれいに洗う。中骨を除いて皮をむき、包丁でこまかくたたき、Aとまぜ合わせる。

2 ごぼうは皮をこそげてささがきにし、水にさらして水けをきる。白菜は7～8cm長さに切ってから縦に1.5cm幅に切る。せりは3cm長さに切る。ねぎは斜め薄切りにする。えのきは石づきを除いてほぐす。

3 卓上なべにBを入れて煮立て、1を手で一口大に丸めて入れる。火が通って浮き上がってきたら2となめこを加えてひと煮する。食卓で温めながら食べる。

香ばしい香りとアツアツで場が盛り上がる
オーブン焼きおつまみ

香ばしい香りとともに登場するオーブン料理はパーティ料理の花形。オーブンに入れっぱなしで焼き上がるのでホストが席をあけなくてもすむのもうれしい点です。大皿で焼き上げて、食卓でとり分けましょう。場がいっそう盛り上がります。

生クリームを使わない
さっぱり味の隠し味は
しょうゆの香ばしさ

根菜の和風キッシュ

材料（4人分）

ごぼう……½本
れんこん……小1節
にんじん……30g
A しょうゆ……大さじ1
　酒……大さじ½
サラダ油……大さじ1
卵……2個
B 牛乳……1カップ
　塩……小さじ⅖
　ナツメグ……少々
ピザ用チーズ……60g

作り方

1 ごぼうは3㎝長さの太めのせん切りにし、れんこんは薄い半月形に切り、それぞれ水にさらしてアクを抜き、水けをよくきる。にんじんはせん切りにする。
2 フライパンにサラダ油を熱して1をいため、油が回ってつやが出たらAを加え、バットなどに広げて冷ます。
3 ボウルに卵を割りほぐし、Bを加えてよくまぜる。
4 耐熱皿に2を彩りよく広げて3を流し入れ、チーズを全面に散らす。
5 200度に熱したオーブンで20〜25分焼く。

1人分
207kcal
塩分 1.6g

調理のコツは
とびきり新鮮な
旬の魚介を手に入れて
焼きたてをサーブすること

魚介類のハーブ焼き

材料（4人分）
すずき……小4切れ
えび（殻つきブラックタイガー）……大4尾
A 塩……小さじ3/5
A こしょう……少々
A 白ワイン……大さじ1
ムール貝（殻つき）……8個
タイム（フレッシュ）……2枝
オリーブ油……大さじ1.5
レモン……1/2個

作り方
1 えびは足を除き、背に切り目を入れて背わたを除き、尾の先を切り落として水けをしごく。ムール貝はたわしなどで殻の汚れをこすり落とす。
2 すずきとえびをバットなどに並べ、Aを振ってしばらくおく。
3 オーブンの天板にムール貝と2を並べ、タイムを散らしてオリーブ油を回しかける。
4 230度に熱したオーブンで15～20分焼く。
5 器に盛り、レモンをくし形に切って添える。

memo
魚はほかに、たい、さわら、きんめだいなどの近海魚を。いさき、いとより、ぐちなどを1尾まるごと焼くと、とり分ける手間はかかるが豪華な一品になる。貝ははまぐりやあさりでもよい。

1人分
182kcal
塩分 1.3g

飲みすぎ予防に効果的! 〆のごはん

〆の一杯はお開きの合図。
ごはんは、一粒一粒かんで食べるので
血糖値の上昇がゆっくり。
だから、お茶漬けさらさらではなく
しっかりかめるメニューを用意します。

豆腐でボリュームアップして

あんかけ豆腐ごはん

材料(4人分)

ごはん……400g
木綿豆腐……½丁
A だし……⅔カップ
A 薄口しょうゆ……大さじ½
A みりん……小さじ2
かたくり粉……大さじ½
ゆずの皮……適量

作り方

1 あたたかいごはんに豆腐を加え、豆腐をくずしながらさっくりとまぜ、器に盛る。

2 なべにAを入れて煮立て、倍量の水でといたかたくり粉でとろみをつけ、1にかける。ゆずの皮を刻んで天盛りにする。

1人分 208kcal 塩分 0.8g

さっぱり味が〆にぴったり

しょうがじゃこごはん

材料(4人分)

ごはん……400g
ちりめんじゃこ……大さじ2
しょうが……1かけ
いり白ごま……大さじ1
塩……小さじ⅓

作り方

1 しょうがはせん切りにする。

2 あたたかいごはんにじゃことしょうが、ごま、塩を加えてさっくりとまぜ、器に盛る。

1人分 186kcal 塩分 0.5g

子どもと若い客人限定のコク満点メニュー

うなぎの焼きおにぎり

材料(4人分)
ごはん……400g
うなぎのかば焼き……½尾
実ざんしょうのつくだ煮……大さじ1
A うなぎのたれ……大さじ1.5
A 塩……少々

作り方

1 うなぎは1cm角に切る。

2 あたたかいごはんにAを加えてさっくりとまぜ、うなぎと実ざんしょうを加えてさっくりとまぜ合わせる。

3 好みの形ににぎり、油をひかないフライパンで両面をこんがりと焼く。

1人分
236kcal
塩分 1.0g

消化を助ける大根と梅干しの名コンビ

菜めしの梅干し添え

材料(4人分)
ごはん……400g
大根……150g
大根の葉……30g
いり白ごま……大さじ1
塩……小さじ⅓
梅干し……1個

作り方

1 大根はせん切りに、大根の葉はみじん切りにする。それぞれ塩少々(分量外)を振り、しんなりしたら洗い、水けをきつくしぼる。

2 あたたかいごはんに1とごま、塩を加えてさっくりとまぜる。器に盛り、梅干しを添える。

1人分
191kcal
塩分 0.8g

脂肪も塩分も控えめだから安心
〆のめん

〆のラーメンに走らずにすむようおすすめしたいのは、胃にやさしい和風のめんメニュー。パスタも、じつは食物繊維が満点。かみごたえがあるから、量を控えても満足できます。

おろし納豆
とろろそば

1人分
318kcal
塩分 2.2g

焼きなす入り
あたたかそうめん

1人分
286kcal
塩分 1.8g

消化酵素&ネバネバ成分で
胃も腸も大安心

おろし納豆とろろそば

材料(4人分)
そば(乾めん)……250g
山いも(大和いも)……150g
大根……150g
ひき割り納豆……2パック(100g)
A だし……1.5カップ
A しょうゆ……大さじ3
A みりん……大さじ3
万能ねぎの小口切り……2本分

作り方
1 山いもと大根はすりおろし、大根は水けをきる。
2 なべにAを入れて煮立て、冷ます。
3 そばはたっぷりの熱湯でゆでて水にとって冷まし、水けをきって器に盛る。1と納豆をのせて万能ねぎを添え、2をかける。

オイルレスでも十分おいしい!

明太子入りカルボナーラ

材料(4人分)
スパゲッティ……250g
卵……2個
しょうゆ……大さじ½
からし明太子……½腹
刻みのり……適量

作り方
1 ボウルに卵を割りほぐし、しょうゆを加えてまぜる。明太子をちぎって加え、さっとまぜる。
2 スパゲッティは1%濃度の塩(分量外)を加えた熱湯で表示時間どおりにゆで、湯をきって熱いうちに1に加えてあえる。器に盛り、のりを散らす。

手作りバジルペーストで
わが家の味に

バジルパスタ

材料(4人分)
スパゲッティ……250g
バジルペースト(45ページ参照)
……大さじ1⅓
オリーブ油……大さじ2.5
塩……少々

作り方
1 バジルペーストにオリーブ油を加え、よくまぜる。
2 スパゲッティは1%濃度の塩(分量外)を加えた熱湯で表示時間どおりにゆでる。
3 湯をきってすぐに1であえ、塩で味をととのえる。

利尿効果のあるなすを
たっぷりのせて

焼きなす入りあたたかそうめん

材料(4人分)
そうめん……250g
なす……小4個
A だし……3カップ
A しょうゆ……大さじ2
A みりん……大さじ2
おろししょうが……1かけ分

作り方
1 なすはがくを除き、熱した焼き網にのせてこんがりと焼き、水にとって皮をむき、食べやすい大きさに裂く。
2 なべにAを入れてひと煮立ちさせる。
3 そうめんは熱湯でゆでて水にとってぬめりを洗い流し、水けをきって器に盛る。1とおろししょうがをのせ、2をかける。

いちばんのおすすめは
食物繊維満点で
0カロリーの寒天

ほうじ茶寒天

材料(6人分)

棒寒天……1本
ほうじ茶(浸出液)……3カップ
砂糖……50g
A ゆず茶(市販品)……大さじ5
A 熱湯……½カップ

作り方

1. 寒天は水に20分ほどつけてもどし、水けをしぼる。
2. なべにほうじ茶を入れて寒天をちぎって加え、火にかける。煮立ったら弱火にして2〜3分煮る。
3. 砂糖を加えて煮とかし、水でぬらした型に流し入れ、冷やし固める。
4. Aのゆず茶は熱湯でとき、あら熱をとってから冷蔵庫で冷やす。
5. 3をサイコロ状に切って器に盛り、4をかける。

memo

寒天は室温でも固まるが、冷めたら冷蔵庫に入れるとさらに早く固まる。型はバットや密閉容器などで。固まるとスポッと抜けるので、流し缶でなくてもよい。ゆず茶は、柑橘類のマーマレードやジャムでもよい。

1人分
84kcal
塩分 0g

これなら安心!
主役は体にいい食材&
100kcal以下の

ヘルシーデザート

本当の〆は甘いもの、という客人は女性ばかりではありません。もちろん生クリームたっぷりのパフェやケーキは論外。飲んで食べたあとの体をいたわってくれる成分がある食材を選び、できるだけ低カロリーを心がけます。たとえば夏場ならこんな顔ぶれで……。

ポリフェノール満点！
セロリの香りで胃もすっきり

ミニトマトとセロリのコンポート

材料(4人分)
ミニトマト……24個
セロリ……⅓本
レモンの薄切り……2枚
A 水……1カップ
A レモン汁……大さじ2
A はちみつ……大さじ1
A 砂糖……30g

1人分
65kcal
塩分 0g

作り方

1 ミニトマトはへたを除き、熱湯にさっとくぐらせてすぐに冷水にとり、へたのほうから皮をむく。

2 セロリは筋を除いて斜め薄切りにする。レモンは半分に切る。

3 なべにAを入れて火にかけ、砂糖がとけたら火から下ろす。ボウルに移し、熱いうちに1と2を漬ける。あら熱がとれたら冷蔵庫で冷やし、半日～1日おいて味をなじませる。

腸内環境をととのえてくれる
最強デザート

ヨーグルトアイスクリーム

材料(6人分)
プレーンヨーグルト……150g
バニラアイスクリーム(市販品)……200g
いちご……150g
キルシュ……大さじ½

作り方

1 ボウルにヨーグルトとアイスクリームを入れ、なめらかになるまでまぜる。

2 バットに流し入れ、冷凍庫で4～5時間冷やし固める。

3 固まりかけるたびに2～3回かきまぜると、さらに口あたりがなめらかになる。

4 いちごはつぶし、キルシュを加えてまぜる。

5 3をディッシャーなどですくって器に盛り、4をかける。

1人分
99kcal
塩分 0.1g

先生、教えて！

酒を〃百薬の長〃とするための酒の健康学

毎日、晩酌する竹内先生ご夫妻の健康の秘訣は
第一に、アルコールのリスクを減らすおつまみの選び方と食べ方、
第二に、食事と運動のバランス力でした。
さらに肝心なことは、お酒の適量を守っていることです。
でも、お酒の適量って、どうやってわかるの？
そういえば近頃、いろいろなお酒があるけれど
体にいいのはどれ？ ビールを飲むと痛風になるの？
などなど、せっかくですので
お酒に関する疑問をすべて、竹内先生にぶつけてみました。
最後の質問は、お酒は果たして「百薬の長」か「悪魔の水」か⁉
はて、先生の答えは？

Q1 お酒の適量はどれくらい？

酒類別の
「1単位（アルコール約21g）」の目安量〈表1〉

酒類	アルコール度数	容量
日本酒	15%	180㎖
焼酎	25%	100㎖
ビール	5%	500㎖
ウイスキー	40%	60㎖
ワイン	12%	200㎖

出典：「五訂増補日本食品標準成分表」

アルコールの血中濃度の
簡易算出方法〈図1〉

$$\text{アルコールの血中濃度(\%)} = \frac{\left(\text{飲酒量(ml)} \times \text{アルコール度数(\%)}\right)}{833 \times \text{体重(kg)}}$$

（注）体内にすべてのアルコールが吸収され、分解されずに血液・体液中に拡散していると仮定した場合のラフな算出方法です。833は、体重に占める水分量（約⅔）とアルコールの比重0.8をもとに算出しました。

A1 「ほろ酔い」状態の1〜2単位です

お酒の適量の基準となるのは、アルコールの血中濃度です。濃度が高いほど、つまり体内に入ったアルコールが多いほど、肝臓が代謝する負担が大きく、酔いがさめるまでの時間も長くなります。

表2は、アルコールの血中濃度と酔いの状態、飲酒量の関係を示しています。医学的には、「ほろ酔い」になるくらいまでの量を適量とするのが定説となっています。

表2の飲酒量は、体重60kgの人の場合です。60kgの人が1時間に処理できるアルコールの量は約7gとされています。3時間なら約21g。日本では、このアルコール約21gを含む酒の量を、表1に示したように1単位として示しています。この考え方によれば、体重60kgの人の適量は1〜2単位ということになります。

ただし、肝臓の代謝能力は、性別・体重などで個人差があります。特に影響するのは体重です。アルコールの血中濃度は図1に示した式で求められます。したがって、体重が60kg以下の人は、同じ「ほろ酔い」でも、適量はより少なくなり、60kg以上の人は多めになるわけです。

ちなみに私は適量を少しオーバーして飲みますが、なぜかいつも「ほろ酔い」程度です。しかも、健康診断で肝機能や血中脂質などがオールAなのは、肝臓をいたわるおつまみのおかげだと思います。良質のたんぱく質やタウリン、血管を守るEPAやDHAを含む魚介類や、抗酸化ビタミンが豊富な緑黄色野菜をたっぷり、しかも低カロリーを心がけているおかげだと自負しています。ちなみに、外食をしたときも、家に帰ってから野菜だけ食べます。

アルコールの血中濃度と酔いの状態の目安〈表2〉

	爽快期	ほろ酔い期	酩酊初期	酩酊期	泥酔期	昏睡期
血中濃度	0.02〜0.04%	0.05〜0.10%	0.11〜0.15%	0.16〜0.30%	0.31〜0.40%	0.41〜0.50%
酒量	ビール 500㎖ 日本酒 180㎖ 焼酎 100㎖	ビール 500〜1000㎖ 日本酒 180〜360㎖ 焼酎 100〜200㎖	ビール 1500㎖ 日本酒 540㎖ 焼酎 300㎖	ビール 2000〜3000㎖ 日本酒 720〜1080㎖ 焼酎 400〜600㎖	ビール 3500〜5000㎖ 日本酒 1260〜1800㎖ 焼酎 700〜1000㎖	ビール 5000㎖超 日本酒 1800㎖超 焼酎 1000㎖超
酔いの状態	・さわやかな気分になる ・皮膚が赤くなる ・陽気になる	・脈拍数が速くなる ・理性が薄れる ・体温が上がる	・気が大きくなる ・大声を出す ・怒りっぽくなる ・ふらつく	・千鳥足になる ・何度も同じことを言う ・呼吸が速くなる ・吐き気やおう吐	・立てない ・意識混濁 ・言語が支離滅裂	・動かしても起きない ・糞尿失禁 ・呼吸麻痺・死亡

※この表は体重60kgの大人を目安にしたものであり、酔い方には個人差があります。
※お酒のアルコール度数は、ビール5%、日本酒15%、焼酎25%。
出典：㈳アルコール健康医学協会

Q2 体にいいのはどのお酒？

A2 どんなお酒でも問題は飲む量です

お酒は、醸造酒と蒸留酒に二分されます。醸造酒は穀物や果汁などをアルコール発酵させたもので、日本酒、ワイン、ビールなどです。表３に示したように、アルコールのほか、少量ですがたんぱく質や炭水化物を含んでおり、その分のエネルギーも加わります。一般に甘口タイプはたんぱく質や炭水化物が多く、辛口に比べてエネルギーが高くなります。

焼酎、ウイスキー、ブランデーなどの蒸留酒は、醸造酒を蒸留させてアルコールなどの揮発成分を濃縮したものです。たんぱく質や炭水化物を含まないので、エネルギーはアルコール由来だけです。そこで、「蒸留酒は太りにくく健康によい」と考えがちですが、飲みすぎれば体内で中性脂肪がつくられるので同じことです。

蒸留酒のメリットは、薄めて飲めることです。薄めにつくってゆっくり飲めば、血糖値の上昇もゆるやかで、飲む量もセーブできます。ただし、甘みのある果汁や炭酸飲料で割ったのでは、その分だけエネルギーが高くなるので要注意。水や無糖炭酸で割りましょう。

糖質ゼロや糖類ゼロ、カロリーオフなど、さまざまな発泡酒は、お酒を飲む気分を楽しみながら、アルコールとエネルギーをセーブするのに重宝です。ただし、炭水化物はゼロでもアルコールが低濃度でも含まれる商品は、飲みすぎに注意しましょう。缶に表示された成分量は多くが１００㎖あたりの量です。３５０㎖缶はその3.5倍あることを忘れずに。従来品より「オフ」でも、たくさん飲んだのでは本末転倒です。

お酒類の栄養価（100g中）〈表3〉

種類	エネルギー (kcal)	たんぱく質 (g)	炭水化物 (g)	アルコール (g)
清酒（純米酒）	103	0.4	3.6	12.3
ビール（淡色）	40	0.3	3.1	3.7
ワイン（赤）	73	0.2	1.5	9.3
焼酎（乙類）	146	0	0	20.5
キリンゼロ〈生〉※ （キリン、糖質ゼロ）	19	0.1 〜 0.3	0	2.4
淡麗ダブル※ （キリン）	37	0.1 〜 0.2	1.5	4.4
オールフリー※ （サントリー）	0	0	0	0

出典：「五訂増補日本食品標準成分表」
※印は各メーカーのホームページより

Q3 気になる痛風を防ぐには…

A3 プリン体にも注意しますが肥満予防も大切です

痛風は、血液中の尿酸値が7mg/dℓ以上になる高尿酸血症です。血液中の尿酸が結晶化して足や手の関節にたまって腫れ、痛みが出ます。原因は、腎臓機能の低下、プリン体を多く含む食品やエネルギーのとりすぎなどです。

表4に示したように、プリン体は動物性食品に多く、お酒ではビールに多く含まれています。アルコールそのものにプリン体の合成を促進する働きがあるので、焼酎などプリン体の少ないお酒にかえても、飲みすぎれば同じことです。

痛風を防ぐには、プリン体の多い食品を控え、お酒は適量を守ること。そして、エネルギーをとりすぎて肥満しないように注意することです。低カロリーでプリン体の少ない大豆製品や野菜を上手に活用しましょう。

食品のプリン体含有量の目安（表4）

総プリン体含有量（食品100g中）	食品名
きわめて多い（300mg以上）	かつおぶし、煮干し、あん肝酒蒸し、鶏レバー、干ししいたけ、まいわし干物、白子
多い（200～300mg）	豚レバー、大正えび、あじ干物、かつお、牛レバー、まいわし、さんま干物
やや多い（150～200mg）	車えび、するめいか、かき、牛心臓（ハツ）、鶏ささ身、かにみそ

参考資料：「高尿酸血症・痛風の治療ガイドライン」（公益法人通風財団）

Q4 お酒はやっぱり「百薬の長」ですよね!?

A4 1日2単位プラス休肝日2日が目安です

私はお酒が好きで、おいしく飲めてよかったな！と思うことはたびたびありますが、飲めないほうがよかったと思ったことは一度もありません。夕食を楽しくおいしく食べることができて、仕事からの解放感を得て、疲労がとれて不眠知らずと、多くの恩恵を得ています。

お酒を「百薬の長」としていくための適量はどれくらいでしょうか。図2で見ると、少量の飲酒は死亡のリスクを下げ、毎日2合くらいまでは効果が得られるといえます。これは、表1の肝臓のアルコール代謝から見た適量と一致します。毎日4合、つまり4単位も飲んでしまうと、急激に死亡のリスクが上がるので、この図はJカーブと呼ばれています。

1日2合くらい飲む人は、1週間に2日ほど休肝日を設けるのが理想的です。わが家も適量を守ったうえで、まずは週1日の休肝日をつくることを目標にしていきたいと思います。

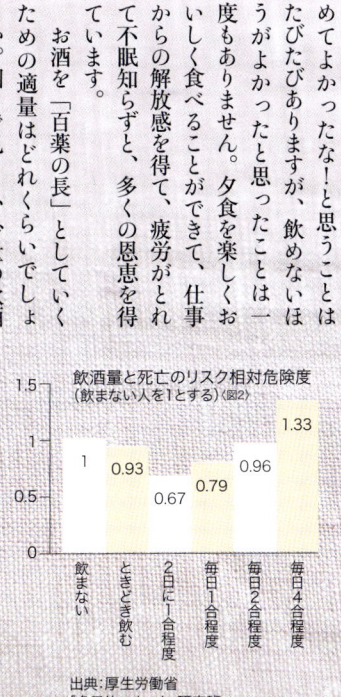

飲酒量と死亡のリスク相対危険度（飲まない人を1とする）（図2）

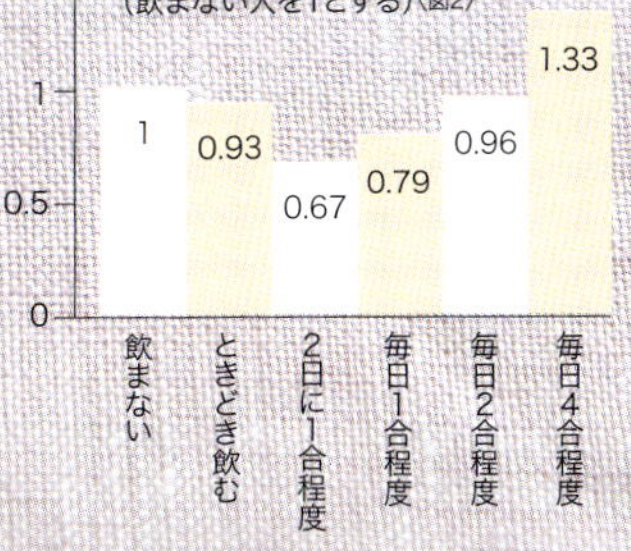

出典：厚生労働省「多目的コホート」研究班

デザイン・イラスト
野澤享子(Permanent Yellow Orange)

表紙カバー題字
長谷川和子

撮影
千葉 充(主婦の友社写真課)

スタイリング　坂上嘉代

構成・まとめ　中島さなえ

栄養計算
カロニック・ダイエット・スタジオ

調理アシスタント
杉本由佳　石川由華
五十嵐繭子(アトリエ マルゴ)

校正　荒川照実

編集デスク　近藤祥子(主婦の友社)

竹内 冨貴子(たけうち ふきこ)
管理栄養士

㈱カロニック・ダイエット・スタジオ主宰。女子栄養短期大学講師。NHK文化センター講師。農林水産省にっぽん食育事業評議委員、牛乳普及協会料理コンクール審査員、㈳日本農業情報システム協会諮問委員、良い食材を伝える会理事、ご飯を食べよう国民運動推進協議会検討委員なども務める。NHK「きょうの料理」「すくすくネットワーク」「生活ほっとモーニング」「元気一番健康道場」、TBS「はなまるマーケット」、テレビ東京「キッチンノート」「レディース4」などのテレビ・ラジオ番組で活躍。著書は、『若返りダイエット おなか周りマイナス10㎝目標！』『1400キロカロリーの献立』『40歳からの健康ダイエット』『カロリー$\frac{1}{2}$で、おいしいお菓子』(以上NHK出版)、『大安心健康の医学大事典』『こんなにおいしい 野菜のダイエットケーキ』『低カロリー・塩分ひかえめ！ 健康おかず！』(以上講談社)、『朝ごはん組み合わせ自由自在』『体がよろこぶおかず300品シリーズ』(以上女子栄養大学出版部)、『低カロリーで大満足レシピ』(世界文化社)ほか多数。

飲《の》んでも食《た》べても太《ふと》らないおつまみおかず

平成23年7月10日　第1刷発行

著　者　竹《たけ》内《うち》冨《ふ》貴《き》子《こ》
発行者　荻野善之
発行所　株式会社　主婦の友社
〒101-8911
東京都千代田区神田駿河台2-9
電話　03-5280-7537(編集)
03-5280-7551(販売)
印刷所　大日本印刷株式会社

ISBN978-4-07-277954-5